読んで、乗って、楽しい!

# 東海道新幹線クイズ100

鉄道クイ



ウェッジ

# 東海道新幹線クイズ100

もくじ



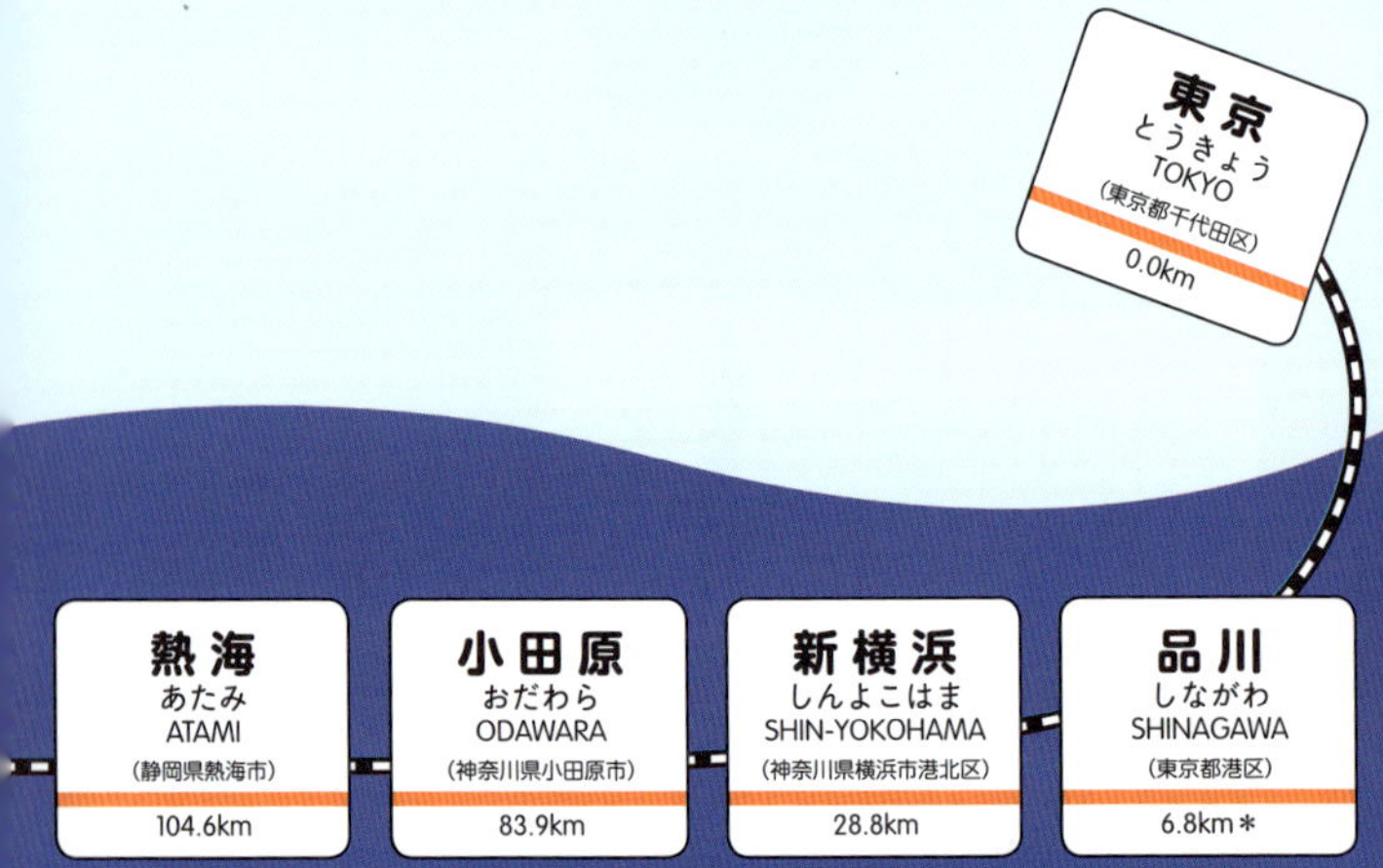


＊東京駅からの営業キロ

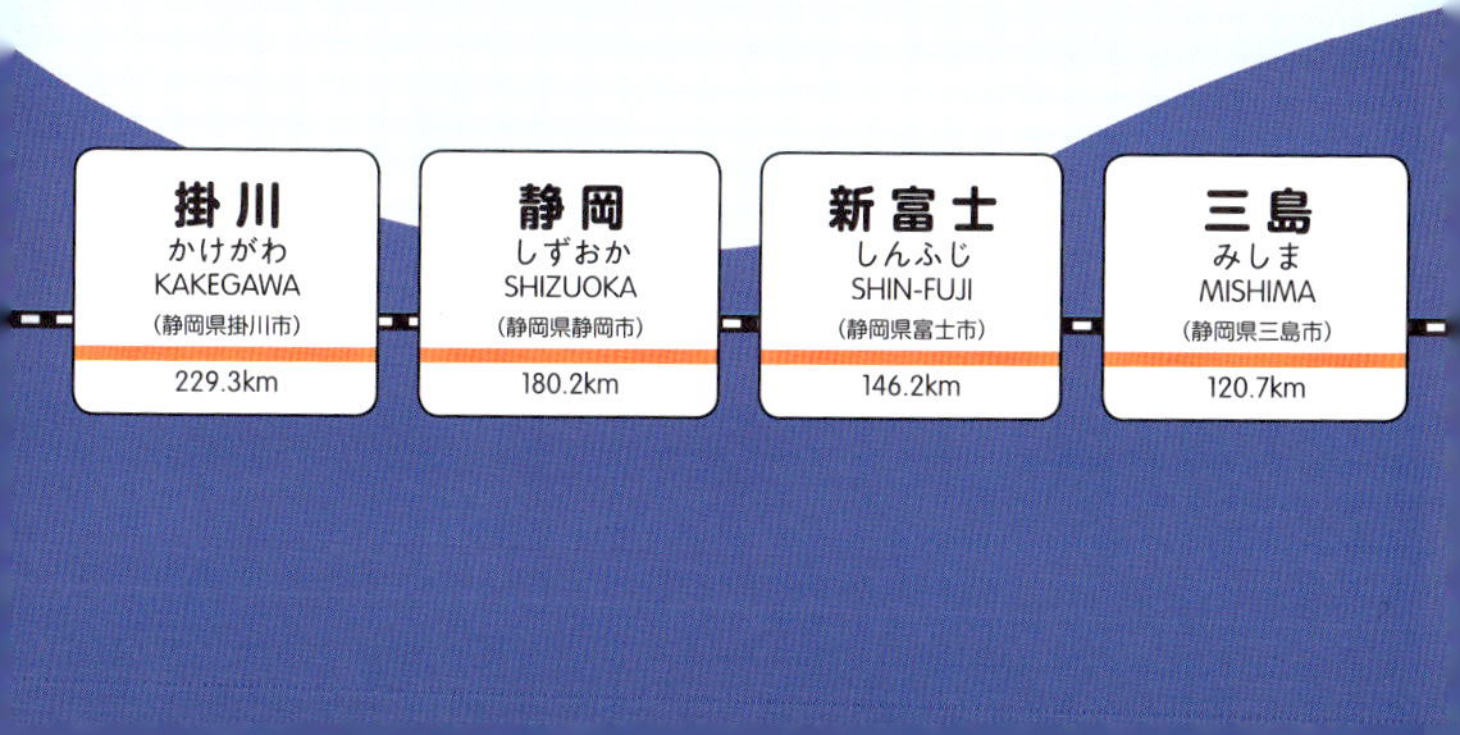
三島
みしま
MISHIMA
(静岡県三島市)
120.7km
新富士
しんふじ
SHIN-FUJI
(静岡県富士市)
146.2km
静岡
しずおか
SHIZUOKA
(静岡県静岡市)
180.2km
掛川
かけがわ
KAKEGAWA
(静岡県掛川市)
229.3km

## 東海道新幹線なるほどコラム



名古屋
なごや
NAGOYA
(愛知県名古屋市中村区)
366.0km

三河安城
みかわあんじょう
MIKAWA-ANJO
(愛知県安城市)
336.3km

豊橋
とよはし
TOYOHASHI
(愛知県豊橋市)
293.6km

浜松
はままつ
HAMAMATSU
(静岡県浜松市)
257.1km

**東海道新幹線クイズ100**について

・2016年8月現在の情報です。

・Qの次のページにAがあります。

・Q番号の右にある★は、鉄道クイズ研究会判定による難易度です（最高は★★★）

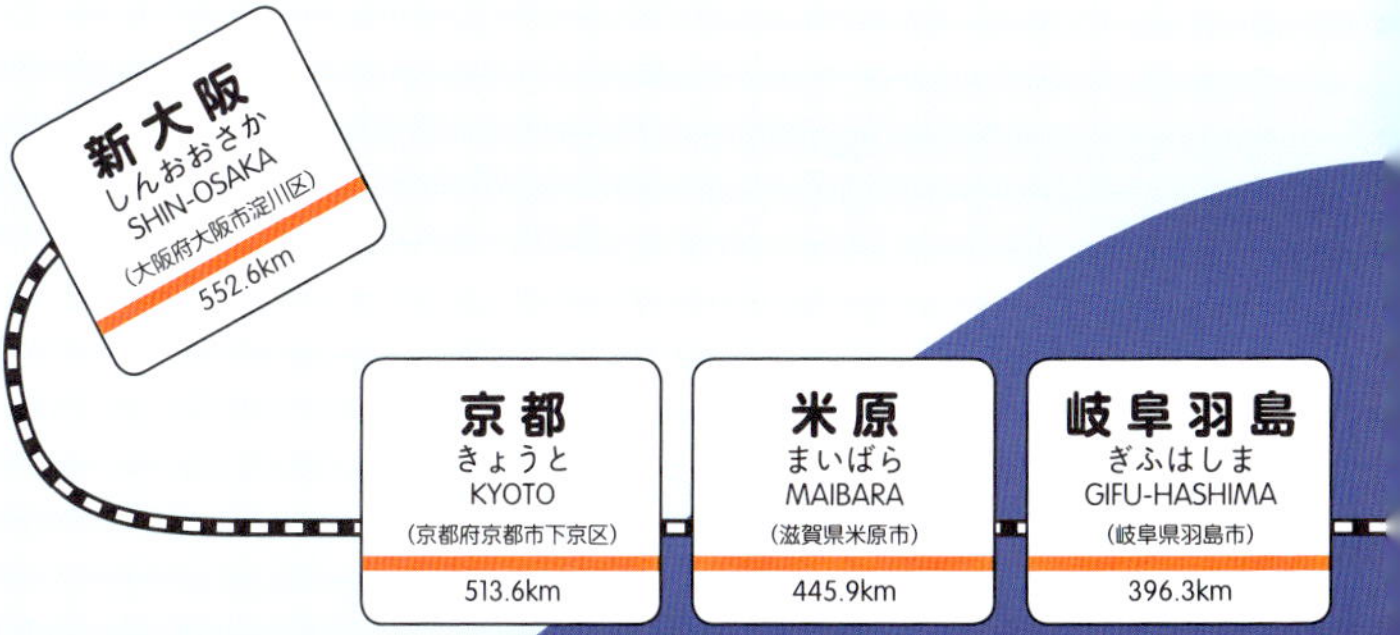

# N《エヌ》700系《けい》を極《きわ》める

# Part 1

# Q1 ★☆☆

東海道《とうかいどう》・山陽新幹線《さんようしんかんせん》の新《あたら》しいエースとして、2007（平成《へいせい》19）年《ねん》に登《とう》場《じょう》した新幹線といえば「N《エヌ》700系《けい》」です。加速性能《かそくせいのう》の向上《こうじょう》、新幹線では初《はつ》となる車体傾斜制御装置《しゃたいけいしゃせいぎょそうち》の搭載《とうさい》など、新技術《しんぎじゅつ》が詰《つ》めこまれています。では1問目《もんめ》のクイズ。名前《なまえ》の最初《さいしょ》についている「N」は、どういう意《い》味《み》でしょう？

**ヒント**

車体傾斜制御装置については28ページにくわしい説明があります。

A

## こたえ：「新しい」をイメージさせる「N」です

快適《かいてき》さ、環境《かんきょう》へのやさしさ、車両性能《しゃりょうせいのう》などあらゆる面《めん》ですぐれた能力《のうりょく》を発揮《はっき》する700系をベースに、最新《さいしん》技術の導入《どうにゅう》でさらに能力を高《たか》めたのがN700系。そこで「新《あら》たな＝New」「次世代《じせだい》の＝Next」といった意味《いみ》をこめて、N700系としました。そしてそのN700系をさらに進化《しんか》させたのが、2013（平成25）年デビューの「N700A《エー》」です。

どのあたりが、どんなふうに「新しい」のかは、このあとのクイズに答《こた》えると少《すこ》しずつわかってきますので、お楽《たの》しみに！

# Q2 ★★☆

N700Aは、これまでの東海道新幹線でいちばん速《はや》い、**最高時速《さいこうじそく》285キロ**を実現《じつげん》しています。同時《どうじ》に省《しょう》エネルギー化《か》を進《すす》めていますが、700系の時速270キロ走行《そうこう》と比《くら》べると、電力《でんりょく》の消費量《しょうひりょう》はどれくらい減《へ》ったでしょう？

❶ 4％

❷ 8％

❸ 16％

## こたえ：③

N700AはN700系同様《どうよう》、モーターやその制御《せいぎょ》の効率《こうりつ》アップはもちろん、「エアロ・ダブルウイング」とよばれる独特《どくとく》の先頭形状《せんとうけいじょう》、車両間《しゃりょうかん》に全周《ぜんしゅう》ホロの採用《さいよう》、台車《だいしゃ》カバーの装《そう》備《び》など、空気抵抗《くうきていこう》を徹底的《てっていてき》に減らすことで、省エネを極限《きょくげん》まで追求《ついきゅう》しています。その結果《けっか》、電力消費量は700系に比べると約《やく》84%になりました。

車両の連結のあいだをのびちぢみするホロでぴったりとおおう、全周ホロ。空気抵抗と騒音の低下に役立ちます

豆知識

「エアロ・ダブルウイング」については、32ページにくわしい説明があります。

# Q3 ★★☆

2013（平成《へいせい》25）年《ねん》にデビューした「N700A」のAは「Advanced（進《しん》化《か》）」という意味《いみ》。ところで、車体《しゃたい》の横《よこ》についている「N700A」のマークは2種類《しゅるい》ありますが、これにはどんな意味があるのでしょうか？

❶ Aが大きいほうが最高速度《さいこうそくど》が速《はや》い

❷ マークの違《ちが》いだけで性能《せいのう》は同《おな》じ

❸ Aが大きいほうが新《あたら》しく作《つく》られた車両《しゃりょう》

## こたえ：③

Aが大きいマークをつけているのは、はじめからN700Aとしてつくられた新しい車両で、Aが小さいのはN700系の改造工事《かいぞうこうじ》（N700A化《か》）で性能アップした車両です。

東海道新幹線は2016（平成28）年3月末《まつ》現在《げんざい》、N700Aが25編成《へんせい》、N700系をN700A化したものが80編成、700系が27編成となっています。つまりすでに「A」がついていないN700系は、東海道新幹線には存在《そんざい》していないということです。さらにN700Aの追加《ついか》投入《とうにゅう》が進《すす》められていて、2019（平成31）年度末《ねんどまつ》には、すべての700系がN700Aに置《お》きかえられる予定《よてい》です。

| 機能 | N700系（改造前） | N700A（N700系を改造） | N700A |
|---|---|---|---|
| 中央締結ブレーキディスク | — | ○ | ○ |
| 地震ブレーキ | — | ○ | ○ |
| 定速走行装置 | — | ○ | ○ |
| 台車振動検知システム | — | — | ○ |
| トイレ、洗面所の調光機能 | — | — | ○ |
| 緊急通報装置 | — | — | ○ |
| ドア開閉表示灯 | — | — | ○ |

A

# Q4 ★★☆

700系とN700系の外観《がいかん》は、先頭車《せんとうしゃ》以外《いがい》でも、いろいろな違《ちが》いがありますす。これは普通車《ふつうしゃ》を側面《そくめん》から見た写真《しゃしん》ですが、どちらがN700系でしょう？

❶

❷

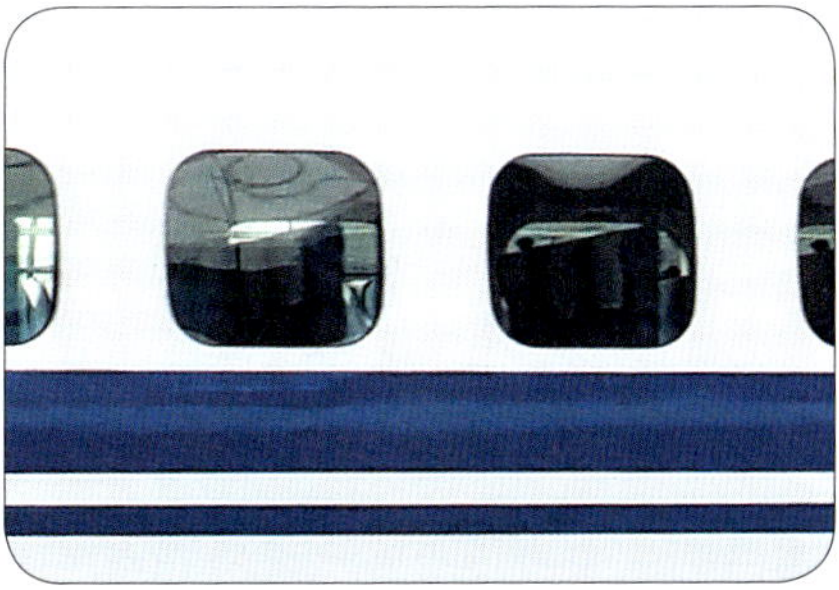

A

## こたえ：❶

写真《しゃしん》❶のほうがN700系です。N700系の窓《まど》は、700系に比《くら》べると小さくなっています。それから、見《み》た目《め》ではなかなかわかりませんが、窓ガラスの素材《そざい》も変《か》わっています。700系では表面《ひょうめん》に特殊《とくしゅ》ポリカーボネートという樹脂《じゅし》のシートを張《は》り合《あ》わせた2枚《まい》のガラスでしたが、N700系では特殊ポリカーボネートの1枚板《いた》にしました。

豆知識

**700系とN700系、顔の違い**

700系とN700系の「顔」(先頭部分の形)の違いはわかりますか？　700系は「エアロストリーム」とよばれる形で、N700系はさらに改良を進めて「エアロ・ダブルウイング」という形になりました。この話はまた32ページでもくわしく説明します。

# Q5 ★☆☆

東海道新幹線史上《しじょう》「最速《さいそく》」を目指《めざ》して開発《かいはつ》されたN700系。さて、**N700系がこれまでに記録《きろく》した最高《さいこう》スピード**は、ズバリ時速何《じそくなん》キロでしょう?

❶ 314キロ
❷ 332キロ
❸ 443キロ

**こたえ：❷**

2009（平成《へいせい》21）年《ねん》11月《がつ》に、愛知県名古屋市《あいちけんなごやし》で世界《せかい》の政府関係者《せいふかんけいしゃ》などを招《まね》いて「高速《こうそく》鉄道《てつどう》シンポジウム」が開催《かいさい》されましたが、そのときに当時最新鋭《とうじさいしんえい》のN700系Z0編成《ゼットゼロへんせい》（現在のX0《エックスゼロ》編成）を使《つか》って、米原《まいばら》〜京都間《きょうとかん》で、試験走行《しけんそうこう》が実施《じっし》されました。このZ0編成にはアメリカ、イギリス、マレーシア、エジプトなどシンポジウムに参加《さんか》した約《やく》160人の乗客《じょうきゃく》がいました。最高スピードは11月16日に記録《きろく》したもの。当日《とうじつ》は、営業運転《えいぎょううんてん》が終了《しゅうりょう》した午後《ごご》11時《じ》40分《ぷん》に米原駅を出発《しゅっぱつ》、時速332キロのスピード記録を出しました。Z0編成による試験走行は、N700系の性能《せいのう》を広《ひろ》く世界に知《し》らせるものでした。

なお最新鋭のN700Aは東海道新幹線区間《くかん》の営業運転での最高速度が時速285キロにアップ。東海道新幹線区間の地形《ちけい》などからすでに限界《げんかい》と考《かんが》えられていたトップスピード時速270キロを、さらに5%以上高《いじょうたか》めています。

# Q6 ★☆☆

架線《かせん》から電気《でんき》を受《う》けとるのがパンタグラフ。N700Aのパンタグラフの両脇《りょうわき》には、**大きな壁《かべ》**のようなものがあります。これには、どんな役割《やくわり》があるのでしょうか？

❶ 高速《こうそく》でパンタグラフに当《あ》たった雨《あめ》が飛《と》び散《ち》るのを防《ふせ》ぐ

❷ 汚《よご》れやすいパンタグラフの目《め》かくし

❸ 沿線《えんせん》への騒音《そうおん》を防ぐ

A

## こたえ：❸

パンタグラフの左右《さゆう》の二面《めん》についているので二面側壁《そくへき》といい、騒音を周囲《しゅうい》にもらさない役割《やくわり》があります。パンタグラフから出る騒音には、パンタグラフが架線から離《はな》れたときに火花《ひばな》とともに起《お》こるパシッという「アーク音《おん》」と、パンタグラフの発《はっ》する風《かぜ》を切《き》る音《おと》があります。「高圧《こうあつ》ケーブル」で各《かく》パンタグラフをつないだ結果《けっか》、アーク音の発生《はっせい》を大幅《おおはば》に減《へ》らすことができました（80ページにくわしい説明《せつめい》があります）。

さらにN700Aは、風切《かざき》り音をできるかぎり防ぐために、パンタグラフの根元《ねもと》の部分《ぶぶん》（中間《ちゅうかん》ヒンジ）をカバーでおおったり、パンタグラフ周辺《しゅうへん》の空気《くうき》の流《なが》れをなめらかにするために碍子《がいし》カバーをつけたりして、騒音そのものを大幅《おおはば》に小さくしています。

# Q7 ★★☆

N700系のグリーン車《しゃ》のシートは、グッドデザイン賞受賞《しょうじゅしょう》のすぐれもの。大きくて、いろんな機能《きのう》がついていて、長《なが》い時間座《じかんすわ》っていても疲《つか》れにくいと評判《ひょうばん》です。では問題《もんだい》。つぎの5つのうち、N700系から新《あたら》しくグリーン車のシートに加《くわ》わった機能はなんでしょう？　3つこたえてください。

❶ 読書灯《どくしょとう》
❷ フットレスト
❸ シンクロナイズド・コンフォートシート
❹ レッグウォーマー
❺ 全席《ぜんせき》にコンセント

A

## こたえ：❸❹❺

❸のシンクロナイズド・コンフォートシートは、Ｎ７００系のグリーン車シートのために開発《かいはつ》された機能です。座面《ざめん》（おしりを載《の》せる部分《ぶぶん》）と背《せ》もたれが連動《れんどう》してスライドし、もっとも快適《かいてき》な体勢《たいせい》のままからだを傾《かたむ》けることができます。リクライニングを戻《もど》すときは圧縮空気《あっしゅくくうき》でアシストしてくれるので、操作《そうさ》はらくらく。座面は金属《きんぞく》バネ、樹脂《じゅし》バネ、その上にウレタンの３層《そう》による複合《ふくごう》バネ構造《こうぞう》なので、ヘタったり底《そこ》についたりすることもありません。

❹のレッグウォーマーも、Ｎ７００系からの新機能。寒《さむ》い時期《じき》はこれがまた、気持ちいいんです……。

新機能ではありませんが、新しくなったＮ７００系の読書灯は、高輝度《こうきど》ＬＥＤが天井《てんじょう》ではなくヘッドレストに埋《う》めこまれているため、光源《こうげん》が近《ちか》く、手元《てもと》が明《あか》るくはっきりと照《て》らしだされます。

# Q8 ★★★

鉄道車両《てつどうしゃりょう》の台車《だいしゃ》には、車軸《しゃじく》を受《う》ける軸箱《じくばこ》があります。写真《しゃしん》の黄色《きいろ》い装置《そうち》は「軸箱加速度計《じくばこかそくどけい》」で、これが軸箱についているのは、N700系の一《いち》部《ぶ》の編成《へんせい》だけです。これには、ある大切《たいせつ》な役割《やくわり》がありますが、どんな役割でしょう?

❶ 速度《そくど》と移動距離《いどうきょり》を正確《せいかく》に測定《そくてい》する

❷ 車輪《しゃりん》のすり減《へ》り具合《ぐあい》を測定する

❸ レールの状態《じょうたい》を測定する

こたえ：3

東海道新幹線では、新幹線電気軌道総合試験車《でんききどうそうごうしけんしゃ》（ドクターイエロー）が線路《せんろ》の状態を緻《ち》密《みつ》に測定していますが、N700系の一部の編成でも「軸箱加速度計」を車軸に設置《せっち》し、営業運転《えいぎょううんてん》をしながらレールの状態を測定しています。車輪《しゃりん》はレールと直《じか》に接《せつ》していますが、その車輪と一体《いったい》になっている車軸の動《うご》きを、軸箱加速度計で測定することで、レールの上下の歪《ゆが》みを把握《はあく》しています。

これらの情報《じょうほう》はリアルタイムで線路を管理《かんり》する現場《げんば》に送《おく》られ、レールの状態によっては徐行《じょこう》の指示《しじ》や調査《ちょうさ》の手配《てはい》を行《おこな》うなど、すばやい対応《たいおう》ができるようになっています。

A

# Q9 ★★☆

300系《けい》、700系、N700Aのデータを集《あつ》めましたが、どれがN700Aかわからなくなってしまいました。さて、3つのうちどれがN700Aのデータでしょう?

❶ 重《おも》さ708トン、モーター車《しゃ》12両《りょう》・付随《ふずい》車4両、モーターの出力合計《しゅつりょくごうけい》13200KW/h

❷ 重さ711トン、モーター車10両・付随車6両、モーターの出力合計12000KW/h

❸ 重さ713トン、モーター車14両・付随車2両、モーターの出力合計17080KW/h

A

## こたえ：❸

ちなみに❶は700系、❷は300系です。3種類《しゅるい》とも重さはそれほど変《か》わらないのですが、動力性能《どうりょくせいのう》が大きく違《ちが》います。とくに、どうしても重くなるモーター車を増《ふ》やしながら、重さを713トンにおさえたN700Aは徹底的《てっていてき》な軽量化《けいりょうか》が図《はか》られています。おかげでモーターの出力合計も大きく増《ふ》え、最高時速《さいこうじそく》は300キロに達《たっ》しました（東海道区間《くかん》では285キロ）。

0系の重さは970トン、100系は925トン。0系・100系は車体《しゃたい》が鋼製《こうせい》で、大きくて重い直流《ちょくりゅう》モーターを使用《しよう》、300系以降《いこう》はアルミ合金《ごうきん》製で小さくて軽《かる》い交流《こうりゅう》モーターなので、ここまで違いが出《で》てくるわけです。

# Q10 ★☆☆

N700系が東京《とうきょう》〜新大阪間《しんおおさかかん》の所《しょ》要時間《ようじかん》を5分も短縮《たんしゅく》できたのは、カーブで車体《しゃたい》を傾《かたむ》けて乗《の》り心地《ごこち》をそこなわずに高速《こうそく》で走《はし》りぬけられるようにしたためです。時速《じそく》285キロで走る車両《しゃりょう》を、どれくらいの角度《かくど》で傾けるのでしょう？

❶ 1度《ど》
❷ 3度
❸ 5度

## こたえ：❶

カーブを高速《こうそく》で通過《つうか》するときにかかる遠心力《えんしんりょく》（外側に押《お》しだすように働《はたら》く力）を打《う》ち消《け》すように、車体を傾けて安《あん》定《てい》させる仕組《しく》みが「車体傾斜《けいしゃ》システム」です。自然振《しぜんふ》り子《こ》式《しき》や強制《きょうせい》振り子式など、これまでの鉄道車両にもさまざまな車体傾斜システムが取《と》りいれられてきました。N700系は新幹線としてははじめて車体傾斜システムを採用、空《くう》気《き》バネを使《つか》って1度だけ、内側に車体を傾けています。たった1度ですが、これによって半径《はんけい》2500メートルという高速列車《れっしゃ》が通過《つうか》するにはきわめて小さなカーブでも、最高速度《さいこうそくど》で安定して走りぬけることが可能《かのう》になりました。

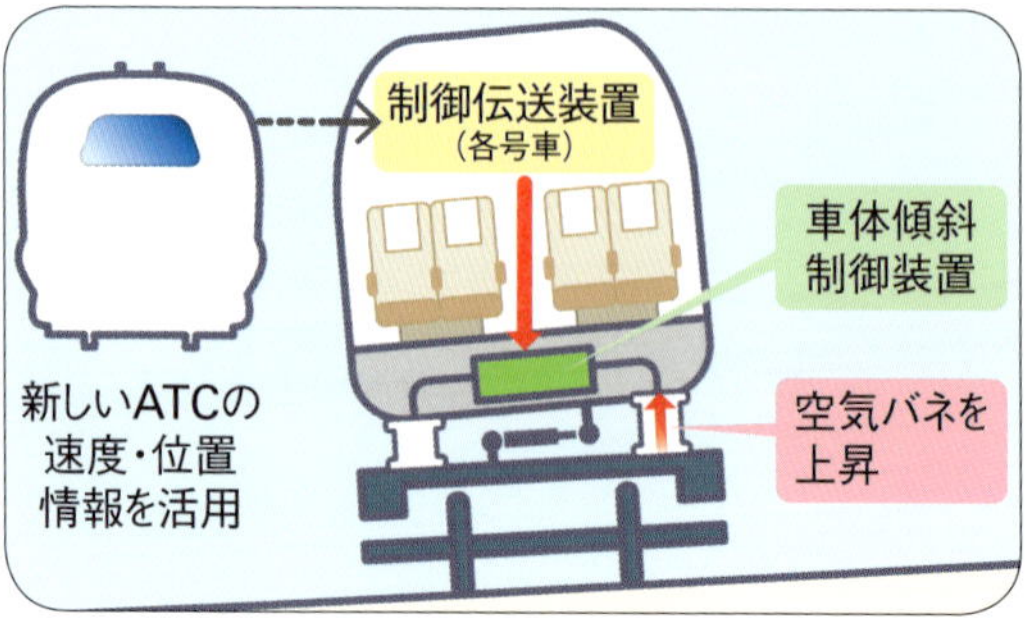

# Q11 ★★☆

N700系は、車体傾斜《しゃたいけいしゃ》システムによってカーブを通過《つうか》するときに自動《じどう》的《てき》に車体を傾《かたむ》けるわけですが、**どうして車体傾斜システムは、きちんとカーブがある場所《ばしょ》で作動《さどう》するのでしょう？**

❶ 運転士《うんてんし》が速度《そくど》やカーブの大きさから判断《はんだん》して操作《そうさ》している

❷ GPSを利用《りよう》してカーブの位置《いち》を判定《はんてい》する

❸ あらかじめ記録《きろく》してある線路《せんろ》のデータを、ATC（158ページにくわしい説明《せつめい》があります）の情報《じょうほう》などとあわせて作動《さどう》させる

## こたえ：③

各列車《かくれっしゃ》が持《も》っている、あらかじめ記録してある線路のデータと、ATCなどから算出《さんしゅつ》した列車の速度や位置の情報《じょうほう》から列車の位置を精密《せいみつ》に計算《けいさん》し、制御伝送《せいぎょでんそう》システム、そして各車両《しゃりょう》に搭載《とうさい》している車体傾斜制御装置《そうち》を組《く》みあわせることで、必要《ひつよう》な地点《ちてん》でなめらかに車体を傾けられるようにしています。

空気バネ式《しき》の傾斜装置では地点を検知《けんち》してから車体を持ち上《あ》げる動作《どうさ》が完了《かんりょう》するまでに比較的時間《ひかくてきじかん》がかかるので、従来《じゅうらい》は高速《こうそく》で走《はし》る新幹線には使《つか》えないとされていました。しかし、N700系ではATCの性能《せいのう》を高《たか》めて、より正確《せいかく》な速度や位置情報をとらえることができるようにするとともに、各車両に搭載《とうさい》している「制御伝送装置」から「車体傾斜制御装置」にデータを送《おく》り、適切《てきせつ》な地点で空気《くうき》バネに車体を持ち上げる指示《しじ》を送るようにすることで、空気バネ式を使えるようにしました（28ページの図をあわせて見てください）。

A

# Q12 ★☆☆

0系から300系の新幹線と、700系以降《いこう》とではあきらかに違《ちが》うところがあります。それは先頭車両《せんとうしゃりょう》の運転席《うんてんせき》より前《まえ》の部分《ぶぶん》の長《なが》さ。N700系では、**先頭部分の長さは10・7メートルもあります。**700系と比《くら》べても1メートル以上《いじょう》長く、しかも複雑《ふくざつ》な形《かたち》になっていますが、その理由《りゆう》は、あるときの騒音《そうおん》を減《へ》らすため。さてそれはどんなときでしょう。

1. 大《おお》きな鉄橋《てっきょう》で橋《はし》を渡《わた》るとき
2. 駅《えき》を通過《つうか》するとき
3. 列車同士《れっしゃどうし》が高速《こうそく》ですれ違うとき
4. トンネルに突入《とつにゅう》するとき

## こたえ：4

列車《れっしゃ》が高速《こうそく》でトンネルに進入《しんにゅう》すると、空気《くうき》が圧縮《あっしゅく》されて「微気圧波《びきあつは》」という波《なみ》が起《お》こります。この波がトンネル内の空気の抵抗《ていこう》を受《う》けてさらに強《つよ》められ、まるで空気鉄砲《てっぽう》のように反対側《はんたいがわ》の出口《でぐち》から吹《ふ》きだすとき「ドン」という大きな音《おと》をたてます。

列車の進入速度《しんにゅうそくど》が速《はや》くなるほど、出口からの微気圧波は強くなるため、N700系ではこの問題《もんだい》の解決《かいけつ》が重要《じゅうよう》な課題《かだい》となりました。先頭部分をどんどん長くすればいいのですが、運転室《うんてんしつ》の居住性《きょじゅうせい》や客席数《きゃくせきすう》の確保《かくほ》など、さまざまな問題《もんだい》が出てきます。そこで航空機《こうくうき》に用《もち》いる最新《さいしん》の空力《くうりき》シミュレーション（遺伝的《いでんてき》アルゴリズム）を採用《さいよう》し、トンネル微気圧波をしっかりとおさえられる先頭の形を研究《けんきゅう》した結果《けっか》、「エアロ・ダブルウイング」という独《どく》特《とく》の形状《けいじょう》がうまれました。

# Q13 ★★★

スピードが上《あ》がれば上がるほど、車両《しゃりょう》の振動《しんどう》は大きくなる傾向《けいこう》にあります。N700系は新《あたら》しい技術《ぎじゅつ》を取《と》り入《い》れることで、これまで以上《いじょう》に車内《しゃない》に伝《つた》わる振動をおさえて快適《かいてき》な乗《の》り心地《ごこち》を実現《じつげん》しました。5つの選択肢《せんたくし》のなかから、実際《じっさい》に取り入れられた技術を2つ選《えら》んでください。

❶ 自動姿勢制御装置《じどうしせいせいぎょそうち》

❷ セミアクティブ制振《せいしん》制御装置

❸ 車体間《しゃたいかん》ダンパ

❹ マルチリンクサスペンション

❺ 逆位相《ぎゃくいそう》振動発生《はっせい》装置

## こたえ：❷と❸

「セミアクティブ制振制御装置」は、車両が持《も》っている線路《せんろ》のデータと、車両の床下《ゆかした》にある加速度《かそくど》センサで測定《そくてい》したゆれのデータを制御装置に伝え、どれだけの力《ちから》でゆれをおさえるかを計算《けいさん》して、ゆれを吸収《きゅうしゅう》する装置「ダンパ」の力をきめ細《こま》かく制御しています。

このようなしくみは３００系の一部《いちぶ》から取り入れられました。Ｎ７００系は、この制振制御装置を高性能化《こうせいのうか》するとともに、全車《ぜんしゃ》に搭載《とうさい》しています。

「車体間ダンパ」は隣《とな》りあう車両の間《あいだ》に取りつけられたダンパです。車両間の振動や、車両同士《どうし》がねじれるような動《うご》きをおさえます。全周《ぜんしゅう》ホロの下のほうに、前後《ぜんご》の車両をつなぐように設置《せっち》されているのがそれです。外《そと》からは見えませんが、全周ホロのついた車体間にもダンパが取りつけられています。

# Q14 ★★☆

N700系で使《つか》われている、「プラグドア」というドアの方式《ほうしき》があります。開《あ》けるときはいったんグッと内側《うちがわ》に引《ひ》きこんでから横《よこ》にスライドさせ、閉《し》めるときはもとの位置《いち》までスライドさせてから、外側《そとがわ》とぴたりと合《あ》うように押《お》し出《だ》して閉めます。ちょうど穴《あな》の開いているところに「栓《せん》」をするようなかっこうなので、プラグ（＝栓）ドアと呼《よ》ばれます。

N700系では、どこにプラグドアが使われているでしょう？

❶ 1号車《ごうしゃ》・16号車の乗務員出入《じょうむいんでい》り口

❷ 1号車・16号車の、端寄《はしよ》りの乗客用《じょうきゃくよう》ドア

❸ 7・8・9号車（グリーン車）の乗客用ドア

ヒント

閉まっているところを外から見たときの、プラグドアと普通のドアの違いは？

## こたえ：❷

1号車と16号車の端寄り、運転席近《うんてんせきちか》くの乗客用ドア4カ所《しょ》がプラグドアになっています。プラグドアにすると車《しゃ》両《りょう》とドアの段差《だんさ》が小さくなるため空気《くうき》抵抗《ていこう》が減少《げんしょう》し、振動《しんどう》や騒音《そうおん》を減らすのに役立《やくだ》っています。

豆知識

N700系のプラグドアは「内プラグ式」という形式です。プラグドアにはほかの形式もあります。たとえばワンボックスカー後席のスライドドアによく見られる形式は「外吊り式」のプラグドアです。

A

# Q15 ★★★

2020（平成《へいせい》32）年度《ねんど》、N700系シリーズに新《あたら》しく**「N700S」が登場《とうじょう》**する予定《よてい》です。このN700Sについての説明《せつめい》のうち、正《ただ》しくないのはどれでしょう。

❶ グリーン車《しゃ》だけでなく、全席《ぜんせき》にモバイル用《よう》コンセントがある

❷ 軽量化《けいりょうか》を進《すす》め、N700Aと比《くら》べて7%消費電力《しょうひでんりょく》を下《さ》げる

❸ N700Sの「S」は「Super」のSである

## こたえ：③

N700Sの「S」は「Supreme」（最高級《さいこうきゅう》）がその由来《ゆらい》です。下の絵《え》は先頭車両《せんとうしゃりょう》のイメージで、ヘッドライトは検《けん》討《とう》中《なか》なので描《えが》かれていません。N700Aまでの「エアロ・ダブルウイング」に似《に》ていますが、それをさらに進化《しんか》させた形《かたち》で、「デュアル スプリーム ウイング」と命名《めいめい》されました。トンネル微気圧波《びきあつは》（32ページにくわしい説明《せつめい》があります）を減《へ》らし、さらに空気抵抗《くうきていこう》も減らすことで消費《しょうひ》電力《でんりょく》の削減《さくげん》にも一役買《ひとやくか》っています。

N700Sは2018（平成30）年3月ごろ確認試験車《かくにんしけんしゃ》が完成《かんせい》、そこから2年間《ねんかん》ほどかけて試験《しけん》を続《つづ》け、2020（平成32）年度《ねんど》に量産車《りょうさんしゃ》が投入《とうにゅう》される予定です。

N700Sの先頭車両（イメージ）

A

# Q16 ★★★

東海道新幹線に、N700Sではじめて導入《どうにゅう》される技術《ぎじゅつ》として**「フルアクティブ制振制御《せいしんせいぎょ》」**があります。これについて、正《ただ》しくないものを選《えら》んでください。

❶ 車体《しゃたい》がゆれたら、そのゆれと反対《はんたい》の力《ちから》を発生《はっせい》させてゆれを打《う》ち消《け》そうとする技術である

❷ おもにヨコ方向《ほうこう》のゆれにたいして効果《こうか》を発揮《はっき》する

❸ 車体傾斜制御装置《しゃたいけいしゃせいぎょそうち》（30ページにくわしい説明《せつめい》があります）と同《おな》じように、空気《くうき》の力《ちから》で動《うご》く

## こたえ：③

A

東北《とうほく》新幹線では空気圧《くうきあつ》や電気《でんき》で動くフルアクティブ制振制御装置を採用《さいよう》していますが、N700Sのフルアクティブ制振制御装置は、油圧《ゆあつ》ダンパを使《つか》ってゆれと反対の力をおこし、車体のゆれを制御する装置です。確認試験車《かくにんしけんしゃ》ではグリーン車に搭載《とうさい》される予定《よてい》です。

現在《げんざい》、東海道新幹線で実用化《じつようか》されているセミアクティブ制振制御と、これから実用化されるフルアクティブ制振制御はともに、ヨコ方向のゆれをコントロールしようとする技術です。高速《こうそく》で走《はし》る鉄道《てつどう》では、カーブやトンネル内《ない》でおこるヨコゆれが、乗《の》り心地《ごこち》を大きく左右《さゆう》することがわかっています。

# Q17 ★★★

ブレーキや環境性能《かんきょうせいのう》の向上《こうじょう》、フルアクティブ制振制御装置《せいしんせいぎょそうち》などの導入《どうにゅう》が予定《よてい》されるN700Sは、そのほかにもN700Aにはない特徴《とくちょう》があります。次《つぎ》のうちどれでしょう？

❶ 非常時《ひじょうじ》には運転士《うんてんし》がいなくても、指令《しれい》から遠隔操作《えんかくそうさ》で運転《うんてん》できるようになった

❷ 16両編成《りょうへんせい》だけでなく、8両や12両などのさまざまな長《なが》さの編成の車両《しゃりょう》が製造《せいぞう》できるようになった

❸ 最高速度《さいこうそくど》が時速《じそく》350キロになった

A

## こたえ：❷

これまでのN700系は16両編成が前提《ぜんてい》で、それ以外《いがい》での運用《うんよう》は考《かんが》えられていませんでした。しかし、N700Sは8両、12両など短《みじか》い編成で走ることも想定《そうてい》した「標準車両《ひょうじゅんしゃりょう》」という考え方《かた》でつくられます。これにより国内外《こくないがい》問《と》わず、用途《ようと》や状況《じょうきょう》に応《おう》じた新幹線車両を、低《てい》コストかつタイムリーに製造・提供《ていきょう》できるようになります。

ちなみにN700Sは、これまで通《どお》り運転士が乗《の》りこんで運転します。また最高速度は、N700Aと同《おな》じ時速285キロの予定です（山陽区間《さんようくかん》は、時速300キロ）。

東海道新幹線なるほどコラム❶

## JR東海 小牧研究施設

### N700系の誕生《たんじょう》の地《ち》

N700系の「エアロ・ダブルウイング」と呼《よ》ばれる先頭形状《せんとうけいじょう》や車体傾斜装置《しゃたいけいしゃそうち》、N700Aの中央《ちゅうおう》締結《ていけつ》ブレーキディスクや台車振動《だいしゃしんどう》検知《けんち》システムなど、東海道新幹線の技術革新《かくしん》を担《にな》うのがJR東海《とうかい》の総合《そうごう》技術本部《ほんぶ》技術開発部《かいはつぶ》。愛知《あいち》県小牧市《けんこまきし》にはその研究開発を支《ささ》える「小牧研究施設」があります。

# 鉄道《てつどう》技術《ぎじゅつ》の最先端《さいせんたん》を走《はし》る研究《けんきゅう》施設《しせつ》

ここは2002（平成《へいせい》14）年に開設《かいせつ》された施設で、約《やく》73ヘクタールという敷地《しきち》のなかには、先進《せんしん》技術を駆使《くし》した大きな試験《しけん》装置がいくつも置《お》かれていて、車両《しゃりょう》だけでなく高架橋《こうかきょう》や盛土《もりど》などの土木構造《どぼくこうぞう》物《ぶつ》、架線《かせん》などの電車線設備《でんしゃせんせつび》の試験まで行《おこな》っています。東海道新幹線を支《ささ》えている技術の、まさに「誕生の地」。もちろん普段《ふだん》は関係者《かんけいしゃ》以外《いがい》立《た》ち入《い》れませんが、今回《こんかい》、特《とく》別《べつ》に見学《けんがく》させてもらいました。

「東海道新幹線は開業以来《かいぎょういらい》、59億人《おくにん》を超《こ》える人々《ひとびと》を運《はこ》び続《つづ》けてきました。その安全《あんぜん》・安定輸送《あんていゆそう》を支える技術に磨《みが》きをかけ、快適《かいてき》な新幹線の旅《たび》を実現《じつげん》するために、日夜《にちや》、さまざまな技術開発に取《と》りくんでいるのが、技術開発部です」

そう語《かた》るのは、小牧研究施設を案内《あんない》してくれた総合技術本部技術開発部の森川昌司《もりかわまさし》さん。

上／車両運動総合シミュレータ。長い脚の上についている白と青の車体部分に乗りこみます　下／実験中のシミュレータを外から見ると、右へ左へ、上へ下へと大忙しです

「これから、シミュレータなどの試験装置をご紹介《しょうかい》しますが、わたしたちの研究開発は、実際《じっさい》の営《えい》業線《ぎょうせん》から得《え》たデータ、コンピューターを活用《かつよう》した理論解析《りろんかいせき》とシミュレーション、そして試験装置を使《つか》った実験《じっけん》や検証《けんしょう》の3つが一体《いったい》となって進《すす》められます」というお話《はなし》で、研究施設めぐりが始《はじ》まりました。

## 車両開発を支える試験装置

最初《さいしょ》に見学したのが、「車両運《うん》動《どう》総合シミュレータ」。前後《ぜんご》・左《さ》右《ゆう》・上下《じょうげ》と回転《かいてん》するゆれを発生《はっせい》させる装置を備《そな》え、実際の車体の動《うご》

きを忠実《ちゅうじつ》に再現《さいげん》。車体部分《ぶぶん》には実際の客室《きゃくしつ》と同《おな》じ内装《ないそう》が施《ほどこ》され、車《しゃ》窓風景《そうふうけい》や走行音《そうこうおん》まで流《なが》れます。

この装置の中に入って、ゆれを感《かん》じながら車窓の風景を眺《なが》め、走行音を耳《みみ》にしていると、本当《ほんとう》に新幹線に乗《の》っている感覚《かんかく》になってしまうから驚《おどろ》きです。このように乗り心地《ごこち》を研究するための本格的《ほんかくてき》な実験装置というのは、世界《せかい》でも初《はじ》めてのもの。N700系の「車体傾斜装置」は、この車両運動総合シミュレータを使った研究開発の成果《せいか》のひとつです。

安全、快適な乗り心地の実現《じつげん》には、台車《だいしゃ》と線路《せんろ》（軌道《きどう》）の研究も欠《か》かせません。その研究に活躍《かつやく》しているのが、「車両走行試験装置」。実際の車両を載《の》せることができる装置ですが、線路の上を走行するのではなく、軌条輪《きじょうりん》という大きな車輪《しゃりん》が線路の代《か》わりになっています。この軌条輪で車輪を回《まわ》すことで、実際に車両を走行させなくても、時速《じそく》500キロくらいまでのさまざまな速度で線路の上を走る状態《じょうたい》を再現《さいげん》できます。しかも、トンネル内を走るときの空気《くうき》力やレール面上《めんじょう》に凸凹《でこぼこ》のある状態など軌道の状態によって生《しょう》じるさまざまなゆれ方《かた》を再現できます。ここでいろいろな部品《ぶひん》の耐久《たいきゅう》試験や、台車に不具合《ふぐあい》をあらかじめ組《く》みこんだ試験を行うことで、耐久性《たいきゅうせい》が求められる中央締結ブレーキディスクや、不具合を軽微《けいび》なうちにとらえる台車振動検知システムなど画期的《かっきてき》な技術の開発を支えています。

車両走行試験装置。車体はいくつもの加振装置で、下にある台車と車輪は軌条輪で、走行しているのと同じ状態を再現します

## 構造物、線路、架線の試験も

　土木構造物の研究開発で活躍している大きな試験装置が、「多軸式《たじくしき》列車荷重《かじゅう》模擬《もぎ》載荷《さいか》試験装置」。実際に東海道新幹線で使用《しよう》してきた橋《はし》などを使って、車両が実際に走行したときに構造物に生じる「ひずみ」などを再現して、その影響を試験しています。また、屋外《おくがい》には実際の高架橋や盛土を、新幹線の建設当時《けんせつとうじ》と同じ材料《ざいりょう》と工事方法《こうじほうほう》で再現した「構造物総合試験線」もあります。ここでは、高架橋や盛土が長年《ながねん》の風雨《ふうう》にさらされるなか

で、どれくらい耐久力《たいきゅうりょく》があるか、どんな補修《ほしゅう》や補強《ほきょう》が必要《ひつよう》か、どういう工事方法で補修を行うかなどの研究開発が行われます。また、「構造物三軸繰返《さんじくくりかえ》し試験装置」では、土台《どだい》部分が土《つち》に埋《う》まっている橋脚《きょうきゃく》なども、実際と同様の条件で試験を行うことができ、構造物の耐震《たいしん》補強や補修方法などの研究に役立《やくだ》てられています。

　小牧実験施設にはほかにも「低《てい》騒音風洞《そうおんふうどう》」や「架線振動試験装置」「電車線試験装置」「移動式《いどうしき》載荷試験車」などの実験設備がありさまざまな実験を行っています。

## 終わりなきイノベーション

　こうした試験装置を駆使した研究開発の集大成《しゅうたいせい》として誕生《たんじょう》したのがN700系、N700Aなどの車両です。研究開発はつねに進められていて、その成果を活《い》かして2016（平成28）年から追加投入《ついかとうにゅう》が始まるN700Aは、地震《じしん》ブレーキの停止距離《ていしきょり》が短縮《たんしゅく》されます。さらに、新たな成果を大幅《おおはば》に取りいれた次期新幹線車両開発に向《む》けたN700S確認《かくにん》試験車の製作《せいさく》も決《けっ》定《てい》しています。また、現在《げんざい》進められている土木構造物の大規模改修《だいきぼかいしゅう》

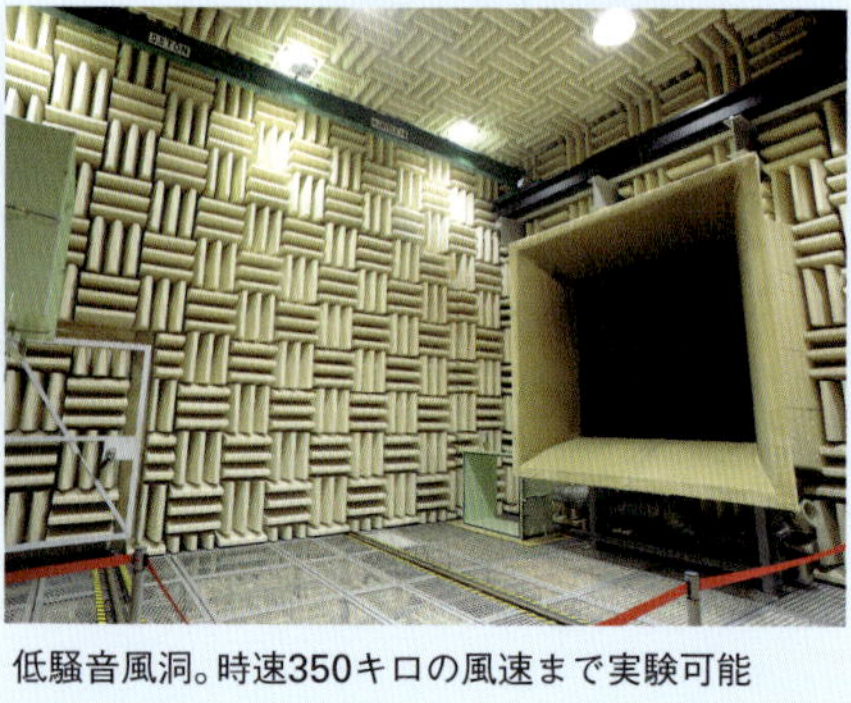

低騒音風洞。時速350キロの風速まで実験可能

工事や地震対策《たいさく》、さらにホームに設置《せっち》されている新型可動柵《しんがたかどうさく》の開発などにも、小牧研究施設での研究

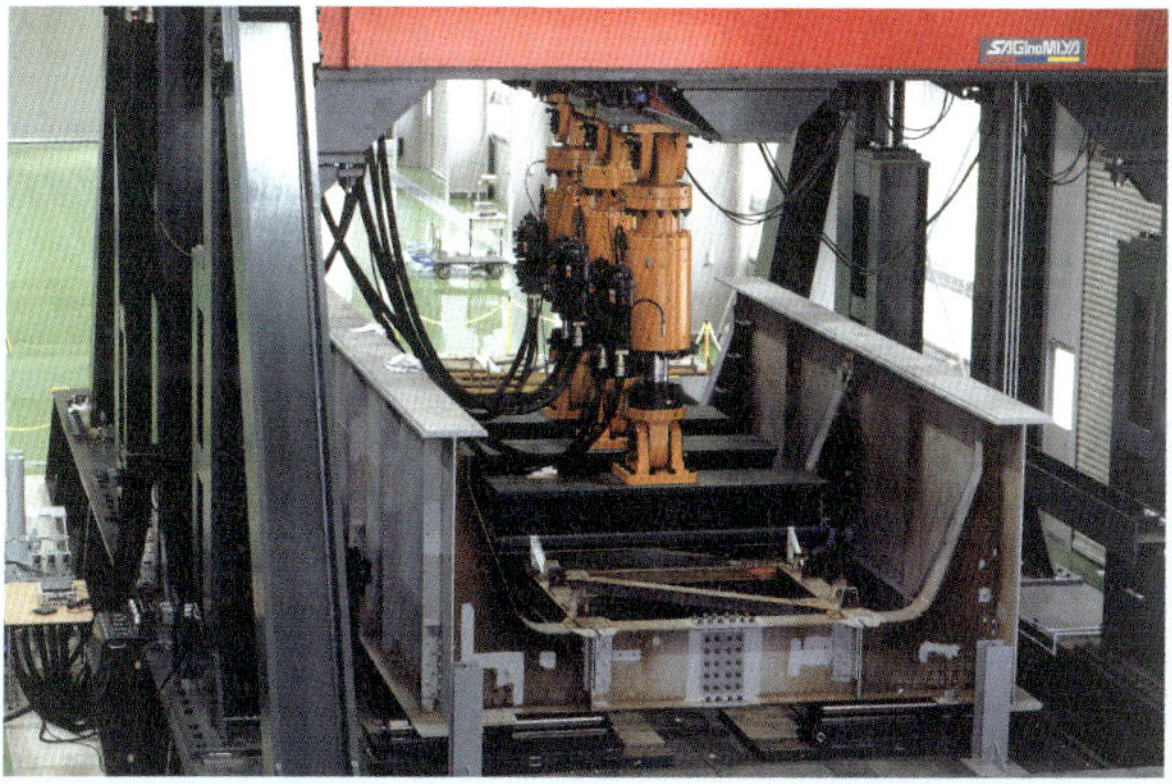

上／多軸式列車荷重模擬載荷試験装置　下左／構造物三軸繰返し試験装置　下右／構造物総合試験線の「高架橋」部分

成果が活かされています。

「技術開発部では、つねに将来《しょうらい》の新幹線の姿《すがた》を考《かんが》え、そこからさまざまな研究のテーマを見つけて、イノベーションに取り組んでいます」と森川さん。新幹線の世界は、これからもどんどん進化し続けていきそうです。

右が森川さん、左は同じ技術開発部の吉田理一郎さん（当時）

# 新幹線《しんかんせん》の昔《むかし》、いま、未来《みらい》

# Part2

❶

❷

1964（昭和《しょうわ》39）年《ねん》デビューの0系以来《いらい》、東海道新幹線は半世紀《はんせいき》以上《いじょう》にわたって改良《かいりょう》がつづけられ、スピードや乗《の》り心地《ごこち》、サー

❸

❹

# Q18 ★☆☆

⑦

ビスなどさまざまに進化《しんか》を続《つづ》けています。写真《しゃしん》はいままでに登場《とうじょう》した新幹線たちです。形式名《けいしきめい》と、登場した順番《じゅんばん》をこたえてください。

⑥

⑤

ヒント

⑤と⑥はそっくりですが、⑥のほうが新しい形式です。

## こたえ：登場した順に、0系=❼、100系=❷、300系=❹、500系=❶、700系=❸、N700系=❺、N700A=❻

0系のつぎは100系、そのあとは300、500……と200ずつ増《ふ》えてきましたが、700のあとは900ではなく「N」が付《つ》きました。N700系は700系をベースにしたもので、先頭《せんとう》の形《かたち》など見《み》た目《め》も変《か》わりましたが、性能《せいのう》も大幅《おおはば》に進化していて、700系の仲間《なかま》というだけではない存在感《そんざいかん》があります。

N700Aは、N700系と外観《がいかん》はほとんど同《おな》じですが、性能をさらに高《たか》めた「Advanced（進化）型《がた》」という意味《いみ》。そして2020（平成《へいせい》32）年《ねん》度《ど》には、N700系に新《あたら》しい仲間《なかま》「N700S」が登場予定《とうじょうよてい》です。

豆知識

**「N」が好き？**

700系も、300系をもとに開発していたころは「N300」と呼ばれていましたが、最終的には「700系」と名付けられたといいます。

A

# Q19 ★★★

この写真《しゃしん》の人物《じんぶつ》は別名《べつめい》、**「新幹線の父《ちち》」**と呼《よ》ばれています。この人物の名前《なまえ》をこたえてください。

❶ 後藤新平《ごとうしんぺい》

❷ 島秀雄《しまひでお》

❸ 十河信二《そごうしんじ》

写真：毎日新聞社

## こたえ：2

A

島秀雄は、東海道新幹線計画《けいかく》の推進《すいしん》に力《ちから》を注《そそ》ぎました。1901（明治34）年、鉄道技術者島安次郎《てつどうぎじゅつしゃしまやすじろう》の長男《ちょうなん》として大阪《おおさか》で生《う》まれた秀雄は、東京帝国大学《とうきょうていこくだいがく》（現在《げんざい》の東京大学《とうきょうだいがく》）卒業後《そつぎょうご》、鉄道省《てつどうしょう》に入省《にゅうしょう》。蒸気機関車《じょうききかんしゃ》の設計《せっけい》を多数手《たすうて》がけます。戦後《せんご》、一度《いちど》は鉄道省の後身《こうしん》である国鉄《こくてつ》を退職《たいしょく》したものの、1955（昭和30）年に技術部門《ぶもん》のトップである技師長《ぎしちょう》として復帰《ふっき》。これは、ともに新幹線計画の推進《すいしん》に力《ちから》を尽《つ》くした当時《とうじ》の国鉄総裁《そうさい》、十河信二の要請《ようせい》によるものでした。

新幹線の計画は、太平洋戦争以前《たいへいようせんそういぜん》からあった「弾丸列車計画《だんがんれっしゃ》」（101ページにくわしい説明《せつめい》があります）を引《ひ》きつぐような形《かたち》でスタートします。国鉄の使《つか》っていた狭軌《きょうき》（レールとレールの間《あいだ》の距離《きょり》1067ミリ）ではなく標準軌《ひょうじゅんき》（1435ミリ）、専用軌道《せんようきどう》で踏切《ふみきり》はなし。島秀雄はそこに「動力分散《どうりょくぶんさん》」（機関車《きかんしゃ》が客車《きゃくしゃ》をひくのではなく、各車両《かくしゃりょう》にモーターがついた電車方式《でんしゃほうしき》にする）という考《かんが》えを持《も》ちこみます。現在《げんざい》ある新幹線の大《おお》きな枠組《わくぐ》みは、このようにして決《き》まりました。

# Q20 ★★★

東海道新幹線の開業《かいぎょう》にあたり、当時《とうじ》の国鉄《こくてつ》は「愛称《あいしょう》」を公募《こうぼ》しました。その結果《けっか》、もっとも多《おお》かったのが「ひかり」。では、2番目《ばんめ》に多かった名前《なまえ》はつぎのうちどれでしょう?

1 こだま

2 のぞみ

3 富士《ふじ》

4 はやぶさ

5 日本《にっぽん》

超特急「ひかり」

特急は「こだま」

新幹線の愛称きまる

読売新聞東京版の1964年7月8日 朝刊1面
(提供:読売新聞社)

## こたえ：4

東海道新幹線の愛称の公募は開業直前《ちょくぜん》の1964（昭和《しょうわ》39）年《ねん》6月《がつ》に行《おこな》われました。約半月《やくはんつき》の応募期間《おうぼきかん》ながら、予《よ》想《そう》を大きく超《こ》える約56万通《まんつう》ものはがきが寄《よ》せられ、7月に愛称が決定《けってい》しました。1位《い》の「ひかり」は約2万通を集《あつ》め、「こだま」は10位でした。

「ひかり」という愛称は、九州《きゅうしゅう》で急行《きゅうこう》に使《つか》われていましたが、そちらは「ひまわり」に改名《かいめい》されます。いっぽう、「こだま」は東京《とうきょう》～大阪間《おおさかかん》を走《はし》る東海道線の「ビジネス特《とっ》急《きゅう》」としてすでに親《した》しまれていたのが、あまり順位《じゅんい》が上がらなかった理由《りゆう》かもしれません。

読売新聞東京版には1964年6月18日、愛称募集の広告が載りました（提供：読売新聞社）

A

# Q21 ★☆☆

1964(昭和《しょうわ》39)年《ねん》10月《がつ》の開業《かいぎょう》から50年あまり。毎日《まいにち》、たくさんのお客《きゃく》さまを乗《の》せて走《はし》り続《つづ》けている東海道新幹線ですが、開業から2016(平成《へいせい》28)年3月までに乗せたお客さまは何人《なんにん》ぐらいでしょう?

❶ 39億人《おくにん》

❷ 49億人

❸ 59億人

ヒント

1960年ごろの日本の人口はおよそ9000万人。20世紀末にはおよそ1億2700万人でした。

## こたえ：❸

正解《せいかい》は❸の59億人。平均《へいきん》すると、毎年《まいとし》1億1000万人以上《いじょう》の方々《かたがた》に利用《りよう》されてきたわけです。

ちなみに、開業時《じ》の1日《にち》の列車本数《れっしゃほんすう》は「ひかり」28本《ぽん》、「こだま」32本のあわせて60本。最高速度《さいこうそくど》は時速《じそく》210キロでした。東京《とうきょう》～新大阪間《しんおおさかかん》を「ひかり」は4時間《じかん》、「こだま」は5時間で走りました。新幹線は1時間に2本の運転《うんてん》で、たとえば東京駅《とうきょう》を出る下《くだ》り列車《れっしゃ》だと、「ひかり」は6時から20時まで、途中《とちゅう》に抜《ぬ》けている時間もありますが、だいたい毎時《まいじ》00分に出ていました。いっぽう、「こだま」はだいたい毎時30分出発《しゅっぱつ》でした。東京駅の終《しゅう》電《でん》は21時30分発《はつ》の「こだま」で、終点《しゅうてん》の静岡《しずおか》には23時03分着《ちゃく》でした。

現在《げんざい》では1日に平均《へいきん》、「のぞみ」209本、「ひかり」65本、「こだま」83本が走ります（2015年度実績《ねんどじっせき》。臨時《りんじ》列車を含《ふく》む）。東京～新大阪間を、いちばん速《はや》く結《むす》ぶ「のぞみ」は、2時間22分。これは開業したときの「こだま」の、半分以下《はんぶんいか》の時間ということになります。

A

# Q22 ★★☆

東海道新幹線は開業当時《かいぎょうとうじ》、**「ひかり」だけが特急《とっきゅう》より速《はや》い「超特急《ちょうとっきゅう》」**と呼《よ》ばれていて、「こだま」は特急という扱《あつか》いでした。さて、「ひかり」の東京《とうきょう》〜新大阪間《しんおおさかかん》の大人料金《おとなりょうきん》（特急2等《とう》料金＋運賃《うんちん》）はいくらだったでしょう？

❶ 2480円《えん》

❷ 4280円

❸ 5030円

**ヒント**

1964年当時の物価ですが、たとえば郵便はがきは1枚5円、外食では中華そばが平均59.4円、映画観覧料が大人221円でした（総務省統計局「東京オリンピック時（1964年）と現在（2014年）の日本の状況」平成27年3月2日による）

## こたえ：❶

「ひかり」の2等車《とうしゃ》の場合《ばあい》、2480円（特急2等料金＋運賃）。「こだま」は特急料金が「ひかり」より200円安《やす》くて運賃と料金の合計《ごうけい》が2280円、1等は「ひかり」5030円、「こだま」は4590円でした（当時《とうじ》はグリーン車《しゃ》と普通車《ふつうしゃ》ではなく「1等」「2等」と呼《よ》んでいました）。

超特急２等
料金・運賃表

| 駅名 | 新大阪 | 京都 | 名古屋 |
|---|---|---|---|
| 東京 | 1,300<br>1,180 | 1,300<br>1,120 | 1,000<br>920 |
| 名古屋 | 500<br>520 | 500<br>410 | |
| 京都 | 500<br>110 | | |

JTB時刻表1964年10月号の超特急「ひかり」料金・運賃表。下段は運賃、上段は料金

豆知識

### 運賃と料金

「運賃」というのは乗車券代、つまり列車での移動のために必要なお金です。そのほかの特急券代や指定券代のことは「料金」と呼んで区別しています。

A

# Q23 ★☆☆

現在《げんざい》、東海道新幹線には東京《とうきょう》駅から新大阪《しんおおさか》駅まで17駅あります。では、開業《かいぎょう》したときは、東京駅と新大阪駅の間《あいだ》にいくつの駅があったでしょう?

❶ 10駅

❷ 12駅

❸ 14駅

| | キロ数 | 列車番号 / 列車名 / 駅名 | 205A こだま205号 (特) | 1A ひかり1号 (超) | 207A こだま207号 (特) | 101A こだま101号 (特) | 3A ひかり3号 (超) | 103A こだま103号 (特) | 5A ひかり5号 (超) |
|---|---|---|---|---|---|---|---|---|---|
| 東海道新幹線 | 0.0 | 東京発 | … | 600 | … | 630 | 700 | 730 | 800 |
| | 28.8 | 新横浜〃 | … | レ | … | 649 | レ | 749 | レ |
| | 83.9 | 小田原〃 | … | レ | … | 715 | レ | 815 | レ |
| | 104.6 | 熱海〃 | … | レ | … | 728 | レ | 828 | レ |
| | 180.2 | 静岡〃 | … | レ | 705 | 805 | レ | 905 | レ |
| | 257.1 | 浜松〃 | … | レ | 747 | 847 | レ | 947 | レ |
| | 293.6 | 豊橋〃 | … | レ | 809 | 909 | レ | 1009 | レ |
| | 366.0 | 名古屋〃 | 745 | 829 | 845 | 945 | 929 | 1045 | 1029 |
| | 396.3 | 岐阜羽島〃 | 802 | レ | 902 | 1002 | レ | 1102 | レ |
| | 445.9 | 米原〃 | 829 | レ | 929 | 1029 | レ | 1129 | レ |
| | 513.6 | 京都着 | 902 | 934 | 1002 | 1102 | 1034 | 1202 | 1134 |
| | 552.6 | 新大阪着 | 930 | 1000 | 1030 | 1130 | 1100 | 1230 | 1200 |

1964年10月号のJTB時刻表より

# A

**こたえ：❶**

引《ひ》っ掛《か》け問題《もんだい》でした（間、なので東京駅と新大阪駅の2駅は入りません）。こたえは10駅。新横浜《しんよこはま》（神奈川県《かながわけん》）から順番《じゅんばん》に小田原《おだわら》（神奈川県）、熱海《あたみ》（静岡県《しずおか》）、静岡《しずおか》（静岡県）、浜松《はままつ》（静岡県）、豊橋《とよはし》（愛知《あいち》県）、名古屋《なごや》（愛知県）、岐阜羽島《ぎふはしま》（岐阜《ぎふ》県）、米原《まいばら》（滋賀《しが》県）、京都《きょうと》（京都府《きょうとふ》）、です。

写真《しゃしん》は、1964年《ねん》10月号《がつごう》の時刻表《じこくひょう》の東海道新幹線のページです。

# Q24 ★★☆

東海道新幹線は1964（昭和《しょうわ》39）年《ねん》に開業《かいぎょう》した後《あと》に、いくつか新駅《しんえき》が誕生《たんじょう》しています。最近《さいきん》だと2003（平成《へいせい》15）年10月《がつ》に開業した品川《しながわ》駅。それでは、東海道新幹線が開業してから最初《さいしょ》につくられた新駅はどこだったでしょう？

❶ 三島《みしま》駅（静岡県《しずおかけん》）

❷ 三河安城《みかわあんじょう》駅（愛知《あいち》県）

❸ 掛川《かけがわ》駅（静岡県）

**こたえ：①**

東海道新幹線最初の新駅は、開業から4年半後《はんご》の1969（昭和《しょうわ》44）年4月に、静岡県三島市《みしまし》に開業した三島駅です。三島には当初《とうしょ》から車両基地《しゃりょうきち》などがありましたが、駅はなかったため、地元《じもと》の人たちからの強《つよ》い要望《ようぼう》で駅が置《お》かれることとなりました。

A

# Q25★★☆

東海道新幹線開通《かいつう》の20年以上前《ねんいじょうまえ》にも、**東海道に高速鉄道《こうそくてつどう》を走《はし》らせる計画《けいかく》「弾丸列車《だんがんれっしゃ》計画」**がありました（101ページに説明《せつめい》があります）。ほかにも東海道新幹線に関《かん》してはいろいろな計画があったのですが、次《つぎ》のうち実現《じつげん》はしなかったものの、実際《じっさい》にある程度《ていど》まで進《すす》んでいた計画はどれでしょう？

❶ 貨物《かもつ》列車を走らせる計画

❷ 支線《しせん》をつくる計画

❸ 私鉄《してつ》が乗《の》りいれる計画

東海道新幹線貨物電車列車の想定
図（「交通技術」1960年9月号より）

# A こたえ：❶

深夜《しんや》の時間帯《じかんたい》の東海道新幹線に、貨物列車を走らせる計画については、かなり現実味《げんじつみ》を持《も》って考《かんが》えられていたようです。そもそも東海道新幹線の線路《せんろ》は重《おも》い貨物列車も走れるように設計《せっけい》されています。また当時《とうじ》の資料《しりょう》を見《み》ると、開業したときの貨物列車の編成《へんせい》や、海外《かいがい》ではやり始《はじ》めていたという「自家用車《じかようしゃ》の鉄道輸送《ゆそう》」について提案《ていあん》されているレポートもありました。

貨物《かもつ》の駅は品川《しながわ》、静岡《しずおか》、名古屋《なごや》、新大阪《しんおおさか》の４カ所《しょ》が予定《よてい》されていました。現在《げんざい》、名古屋車両所《しゃりょうじょ》が置《お》かれている場所《ばしょ》は、もとは貨物駅のための用地《ようち》だったそうです。

# Q26 ★★☆

東京駅《とうきょう》の14・15番《ばん》ホームは、となりの16～19番のホームより北《きた》（上野駅《うえの》の方向《ほうこう》）にずれていて、しかも**12・13番ホームのほうに曲《ま》がっています。**同《おな》じ東海道新幹線のホームなのに、16～19番のホームとそろっていないのはなぜ？

❶ つくられた時期《じき》が違《ちが》うから

❷ 地下《ちか》に大きな下水道管《げすいどうかん》が通《とお》っている関係《かんけい》で

❸ 用地上《ようちじょう》に建物《たてもの》が建《た》っていたため

空から見た東京駅。右から3つ目のホームが14・15番ホームです。

## こたえ：❶

14・15番ホームは新幹線の開業前《かいぎょうまえ》からあったホームで、東海道新幹線がここを使用《しよう》することになったとき、16両《りょう》ある新幹線の長《なが》さに合《あ》わせて北側《がわ》をのばしました。このホームは東北《とうほく》新幹線も使《つか》うことを想定《そうてい》してつくられているといわれ、ホームが曲がってつくられているのは、東北新幹線が乗《の》りいれるためだったそうです。

いっぽう16～19番線のホームは、東海道新幹線の開業に合わせてつくられたもの。このホームの歴史《れきし》の違《ちが》いが、形《かたち》の上に残《のこ》っています。

ホーム上に立ってみると、
たしかに曲がってます！

A

# Q27 ★★☆

1965（昭和《しょうわ》40）年《ねん》、東海道新幹線で**「公衆電話《こうしゅうでんわ》サービス」**がはじまりました。次《つぎ》のうち、サービス開始当初《かいしとうしょ》の公衆電話サービスの内容《ないよう》として、正《ただ》しくないのはどれでしょう？

❶ 東京《とうきょう》・名古屋《なごや》・大阪《おおさか》など沿線《えんせん》の一部《いちぶ》の都市《とし》としか通話《つうわ》できなかった

❷ 車内《しゃない》から電話をかけるときは、車掌《しゃしょう》に申《もう》しこみをする

❸ 列車《れっしゃ》に電話をかけることもできた

❹ 列車に電話がかかってきた場合《ばあい》は、車内放送《ほうそう》で呼《よ》び出《だ》しがあった

## こたえ：②

A

1965年にスタートした新幹線の公衆電話サービスには、列車発信《はっしん》電話と列車着信《ちゃくしん》電話の2つのサービスがありました。

列車発信電話は、車内から外《そと》に電話をかけられるサービス。電話をかけたいときはビュフェの係員《かかりいん》に申しこみをしました。その後《ご》、車内に普通《ふつう》の公衆電話と同じように利用できる公衆電話が設置《せっち》され、現在《げんざい》にいたります。N700Aの場合、公衆電話は1編成《へんせい》に2台あります（4号車《ごうしゃ》、12号車の博多《はかた》方《がた》デッキ）。

列車着信電話は、外から列車に乗車中《じょうしゃちゅう》のお客《きゃく》さまに電話をかけられるサービスでした。利用《りよう》したい場合《ばあい》はまず専用番号《せんようばんごう》「107」をダイヤル、オペレーターに列車名《れっしゃめい》と相手《あいて》の名《な》前《まえ》を伝《つた》えていったん電話を切《き》ります。オペレーターは列車に電話をし、電話を受《う》けた係員が車内で呼び出し放送《ほうそう》をする、という手順《てじゅん》でした。携帯《けいたい》電話の普及《ふきゅう》でこの「列車着信通話」を利用《りよう》する人《ひと》は極端《きょくたん》に減《へ》ったため、2004（平成《へいせい》16）年に廃止《はいし》されています。

# Q28 ★★☆

0系新幹線の先頭車両《せんとうしゃりょう》を印象《いんしょう》づける大きな丸《まる》い「鼻《はな》」みたいな部分《ぶぶん》。「光前頭《ひかりぜんとう》」と呼《よ》ばれ、ちょっと見《み》ただけだと大きな前照灯《ぜんしょうとう》のようですが、なかには連結器《れんけつき》が入《はい》っています。ところが、実際《じっさい》にあの丸い部分が照明《しょうめい》になっている車両もあったそうです。さて○か×、どちらでしょう？

## こたえ：○です

鼻が光《ひか》る新幹線はじつは営業用《えいぎょうよう》の車両ではなく、新幹線の開発段階《かいはつだんかい》で試作車両《しさくしゃりょう》としてつくられた「1000形《がた》」です。1000形にはA、B2つの編成《へんせい》がありましたが、そのA編成の先頭部分は半透明《はんとうめい》の乳白色《にゅうはくしょく》アクリル樹脂《じゅし》でつくられていて、内側《うちがわ》に蛍光灯《けいこうとう》がついていたため夜《よる》は光りました。

なお0系でも初期《しょき》の車両は、鼻の部分が半透明のアクリル樹脂製《せい》になっていたので、左右《さゆう》のライトからもれるあかりでぼんやりと光っていました。しかし、開業翌年《よくねん》の1965（昭和《しょうわ》40）年《ねん》にはこの部分が強化《きょうか》プラスチック製にかえられ、光を透過《とうか》しなくなったため、文字《もじ》通《どお》りの光前頭はなくなってしまいました。

開業前、試運転時の東京駅にて　写真：牛島完・RGG

A

# Q29 ★★★

東海道新幹線の半世紀《はんせいき》あまりの歴史《れきし》のなかで、いろいろな車両《しゃりょう》が誕生《たんじょう》しました。では、次《つぎ》のなかから、東海道新幹線でほんとうにあったものをすべてこたえてください。

❶ 踊《おど》れるスペース（ディスコ）

❷ 映画館《えいがかん》

❸ 2階建《かいだ》てで、2階がレストラン、1階がキッチン

❹ マッサージ室《しつ》

## こたえ：❶と❸

❶は、1988（昭和《しょうわ》63）年《ねん》から約《やく》2年半《はん》、13号車《ごうしゃ》をラウンジに、14号車をイベントカーに改造《かいぞう》した編成《へんせい》がありました。その年の4月《がつ》に運転《うんてん》された「シンデレラ・エクスプレス号」のイベントでは、ディスコやタレントの早見優《はやみゆう》さんのコンサートも開催《かいさい》されました。

❸は、1985（昭和60）年に登場《とうじょう》した100系の8号車で、1階の厨房《ちゅうぼう》から2階の客席《きゃくせき》に料理《りょうり》を運《はこ》ぶエレベーターも設置《せっち》されていました。

❷の映画館ですが、じつは山陽《さんよう》新幹線には「シネマカー」という車両がありました。これは1988年8月から1994（平成《へいせい》6）年3月まで、12両《りょう》編成の「ウエストひかり」の7号車に設《もう》けられたもので、ビデオ上映《じょうえい》を行《おこな》っていました。

写真：毎日新聞社／時事通信フォト

A

# Q30★★★

写真《しゃしん》は16両編成《りょうへんせい》の100系新幹線で8号車《ごうしゃ》に連結《れんけつ》された2階建《かいだ》ての食堂車《しょくどうしゃ》の車内《しゃない》を再現《さいげん》したものです。1990年《ねん》代《だい》、東海道新幹線の食堂車は4社《しゃ》が運《うん》営《えい》していました。さてこの食堂車は、どの会社《かいしゃ》の運営でしょうか？

❶ 帝国《ていこく》ホテル

❷ 日本食堂《にほんしょくどう》

❸ ビュフェとうきょう

❹ 都《みやこ》ホテル

## こたえ：❶

赤《あか》と白《しろ》のクロスは、帝国ホテルが使《つか》っていました。運営会社ごとに、テーブルクロスなどの装飾《そうしょく》が異《こと》なっていました。またクロス類《るい》だけでなく、メニューも違《ちが》っていました。当時《とうじ》、時刻表《じこくひょう》にはそれぞれの列車《れっしゃ》の食堂運営会社が掲載《けいさい》されていたので、自分《じぶん》が乗《の》る新幹線を食堂車で選《えら》ぶお客《きゃく》さまもいたそうです。

愛知県名古屋市《あいちけんなごやし》にある「リニア・鉄道館」（98ページにくわしい説明《せつめい》があります）は、各社《かくしゃ》のテーブル装飾を再現して展示《てんじ》しています。展示は定期的《ていきてき》に交換《こうかん》しているそうなので、ほかの3社のテーブルセッティングがどんな感《かん》じなのかは、実際《じっさい》に行《い》って確《たし》かめてみてください！

# Q31★★★

東海道新幹線に関《かん》する数字《すうじ》の問題《もんだい》です。

**最初《さいしょ》は6、いまは2。**さて、なーんだ？

ヒント

（その1）1編成あたりの数です。
（その2）最初は6「基」、いまは2「基」です。

A

## こたえ：1編成《へんせい》あたりのパンタグラフの数《かず》

0系は6基《き》→8基（編成が12両《りょう》から16両にのびたため）、100系は最初6基で、1989（平成元《へいせいがん》）年に登場《とうじょう》した「グランドひかり」からは3基に減《へ》りました。300系も当初《とうしょ》は3基でしたが1995（平成7）年以降《いこう》、順次《じゅんじ》2基となり、500系以降《いこう》は1編成2基となりました。

パンタグラフの発《はっ》する風切《かざき》り音《おん》は騒音《そうおん》のもとになるので、できるだけ減《へ》らしたいのですが、電車《でんしゃ》には架線《かせん》からパンタグラフを通《とお》して得《え》る電気《でんき》が大切《たいせつ》なエネルギー源《げん》。そこで、パンタグラフを減らしながら各号車《かくごうしゃ》に電気を配《くば》るため、特《とく》別《べつ》な高圧《こうあつ》ケーブルを各号車に引《ひ》き通《とお》しています。これによりパンタグラフ同士《どうし》が電気的《でんきてき》に結《むす》ばれ、たとえひとつが架線《かせん》から離《はな》れたとしてももうひとつがつながっているため架線とパンタグラフの間《あいだ》で発生《はっせい》する放電現象《ほうでんげんしょう》（離線《りせん》アーク）を大《おお》幅《はば》におさえられます。放電によるパシッという「アーク音」の解消《かいしょう》にも役立《やくだ》ちました。

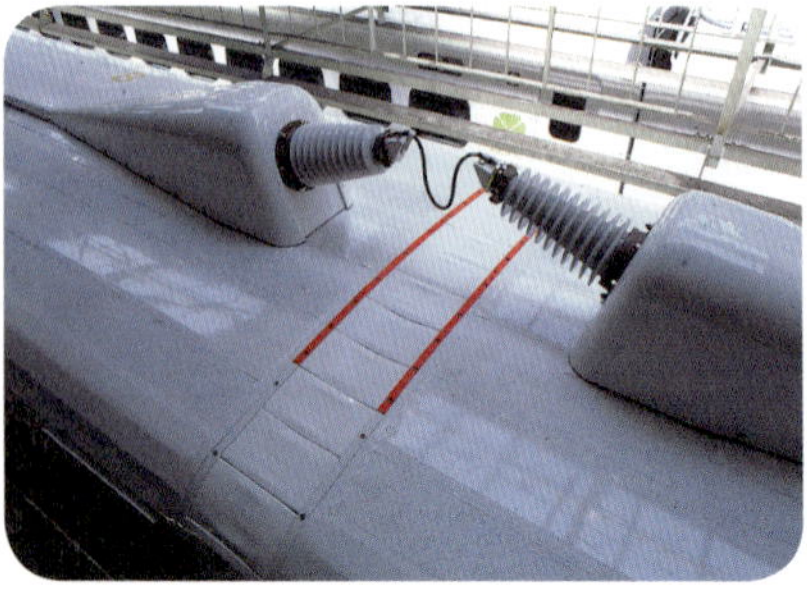

車両間に引き通された高圧ケーブル

# Q32 ★★☆

じつは、開業当時《かいぎょうとうじ》の東海道新幹線には指定席《していせき》しかありませんでした。自《じ》由席《ゆうせき》が登場《とうじょう》したのは開業の翌年《よくねん》、1965（昭和《しょうわ》40）年《ねん》からです。このころ東海道新幹線はまだ12両編成《りょうへんせい》でしたが、自由席はそのうち何両あったでしょう。

❶ ちょうど半分《はんぶん》の6両

❷ 過半数《かはんすう》の7両

❸ 半分より少《すく》ない5両

A

## こたえ：②

1等車《とうしゃ》1両と2等車6両の計《けい》7両で、1号車から7号車までが自由席になりました。東海道新幹線は開業した直後《ちょくご》から人気《にんき》が高《たか》く、乗《の》れる列車《れっしゃ》が決《き》まっている指定席だけでは不便《ふべん》というお客さまの声に応《こた》えて、約半年後《やくはんとしご》に自由席が設《もう》けられたわけです。

この自由席特急券《とっきゅうけん》は、指定席特急券の100円引《えんび》き料金《りょうきん》でした。利用客《りようきゃく》が多《おお》い日曜《にちよう》・祝日《しゅくじつ》や希望者《きぼうしゃ》が集中《しゅうちゅう》した列車では、座席定員《ざせきていいん》の140％程度《ていど》まで発売《はつばい》することもあると、当時《とうじ》の時刻表《じこくひょう》には案内《あんない》が載《の》っています。

# Q33 ★★☆

いまではN700系が増《ふ》えて、「全席禁煙《ぜんせききんえん》」もかなり当《あ》たり前《まえ》になってきましたが、東海道新幹線は開業当初《かいぎょうとうしょ》、「全席喫煙《ぜんせききつえん》」でした。やがて1970年代《ねんだい》の後半《こうはん》から禁煙を求《もと》める世論《せろん》が高《たか》まり、1976（昭和《しょうわ》51）年《ねん》、「禁煙車《しゃ》」が登場《とうじょう》します。では、最初《さいしょ》の禁煙車は次《つぎ》のどれだったでしょうか。

❶ 「こだま」の16号車《ごうしゃ》

❷ 東京《とうきょう》～広島間《ひろしまかん》の「ひかり」のグリーン車

❸ 「ひかり」「こだま」の1号車

## こたえ：❶

1980（昭和55）年10月《がつ》からは「ひかり」「こだま」の1号車も禁煙車になるなど、禁煙車化《か》が進《すす》み、1993（平成《へいせい》5）年3月には全席の約《やく》6割《わり》が禁煙車になりました。また、座席予約《ざせきよやく》システム「マルス」の改良《かいりょう》によって、指定席特急券《していせきとっきゅうけん》の発売時《はつばいじ》に、利用客《りようきゃく》の希《き》望《ぼう》に応《おう》じて禁煙席、喫煙席を指定できるようにしました。

そしてついに、2007（平成19）年7月に登場したN700系は全車《ぜんしゃ》禁煙になりました。座席《ざせき》やデッキではたばこが吸《す》えませんが、普通車《ふつうしゃ》の3号車（博多寄《はかたよ》り）、7号車（東京《とうきょう》寄り）、15号車（博多寄り）、グリーン車は10号車（東京寄り）、計4カ所に喫煙ルームが設《せっ》置《ち》されています。

A

# Q34 ★★☆

1992（平成《へいせい》4）年《ねん》、「のぞみ」の愛称《あいしょう》で営業運転《えいぎょううんてん》を開始《かいし》した300系は、最高時速《さいこうじそく》270キロを実現《じつげん》し、東京《とうきょう》～新大阪間《しんおおさかかん》を2時間《じかん》30分《ぷん》で結《むす》ぶ画期《かっき》的《てき》な新幹線でした。300系では、安定《あんてい》して高速走行《こうそくそうこう》ができるように徹《てっ》底《てい》した軽量化《けいりょうか》が図《はか》られています。この軽量化について、正《ただ》しいものを選《えら》んでください（こたえはひとつとは限《かぎ》りません）。

❶ 車体《しゃたい》をアルミ合金製《ごうきんせい》にした

❷ 乗客《じょうきゃく》の座《すわ》るイスを軽《かる》くした

❸ モーターを軽量化した

## こたえ：すべて正解《せいかい》です

100系は鋼製《こうせい》の車体《しゃたい》でしたが、300系は軽《かる》いアルミ合金としました。また普通車《ふつうしゃ》のイスの重量《じゅうりょう》も100系の半分以下《はんぶんいか》の軽さにしました。こうした軽量化によって16両《りょう》（1編《へん》成《せい》）の車両《しゃりょう》の重《おも》さは、100系の925トンから711トンと大幅《おおはば》に削減《さくげん》されています。同時《どうじ》に、それまで屋根《やね》にあった空調機器《くうちょうきき》を床下《ゆかした》に移《うつ》し、車高《しゃこう》も低《ひく》くするなどして重心《じゅうしん》を下《さ》げ、カーブを高速で通過《つうか》できるようにしました。そのほか、モーターを軽量化し、回生《かいせい》ブレーキ（200ページに説明《せつめい》があります）を採用《さいよう》し、モーター車2両《りょう》でユニットを組《く》む「2両1ユニット方式《ほうしき》」から、モーター車2両とモーターを積《つ》まない付随車《ふずいしゃ》1両の3両で1ユニットとする方式、高圧《こうあつ》ケーブル（80ページに説明があります）を各号車《かくごうしゃ》に引《ひ》き通《とお》して電気《でんき》を配《くば》りパンタグラフを1編成あたり3基《き》に減《へ》らすなど、新《あたら》しい技術《ぎじゅつ》をたくさん取《と》り入《い》れました。さらに300系以降《いこう》は編成定員《ていいん》を1323人に統一《とういつ》、どの新幹線でも同じ人《にん》数《ずう》のお客《きゃく》さまを乗《の》せられるようにした結果《けっか》、車両を臨機応変《りんきおうへん》に使《つか》えるようになりました。

A

# Q35 ★★☆

東海道新幹線には、インターネットで簡単《かんたん》にきっぷが予約《よやく》できる「エクスプレス予約」というサービスがあります。この「エクスプレス予約」は2001（平成《へいせい》13）年《ねん》にスタートしましたが、じつはそれ以前《いぜん》から、東海道新幹線には駅に行《い》かなくてもきっぷが予約できるサービスが何種《なんしゅ》類《るい》かありました。次《つぎ》のうち、実際《じっさい》にはなかったのはどれでしょう？

❶ きっぷの申込書《もうしこみしょ》をFAXで送《おく》ると、会社《かいしゃ》のプリンターで、きっぷが発券《はっけん》できるサービス

❷ 電話《でんわ》で予約したきっぷを駅で受《う》け取《と》れるサービス

❸ きっぷの申込書を郵便局《ゆうびんきょく》で出《だ》すと、きっぷが後日《ごじつ》郵送《ゆうそう》で送られてくるサービス

## こたえ：❸

❶は1988（昭和63）年スタートの「おとどけ端末《たんまつ》」サービスです。新幹線をひんぱんに利用《りよう》する会社と契約《けいやく》を結び、FAXなどで指定席《していせき》の予約を申《もう》しこむと、会社に置《お》かれたプリンターからきっぷを発券できました。

❷は新幹線をよく使《つか》う個人《こじん》のお客《きゃく》さま向《む》けの電話予約サービスです。「JR東海エクスプレス・カード」を発行《はっこう》、電話できっぷの予約や変更《へんこう》を受《う》け付《つ》け、新幹線の駅に設置《せっち》された受取機《うけとりき》できっぷを受け取ることができました。1989（平成元《へいせいがん》）年からサービスを始《はじ》め、1995（平成7）年には5万《まん》人の会員を集《あつ》めていました。

現在《げんざい》の「エクスプレス予約」では、インターネットでのきっぷの予約・変更だけでなく、チケットレスのスピーディー乗車《じょうしゃ》や、乗車のたびにたまるポイントでグリーン車《しゃ》に乗《の》れるサービス、早《はや》めの予約で割引《わりびき》きっぷが購入《こうにゅう》できるなど、さまざまな特典《とくてん》があります。

A

# Q36 ★★☆

2003（平成《へいせい》15）年《ねん》10月1日《がつついたち》のダイヤ改正《かいせい》で、東海道新幹線に品川駅《しながわ》が開業《かいぎょう》するとともに、**「第二《だいに》の開業」**ともいえるような大きな変化《へんか》がありました。さてそれはなんでしょう？

❶ N700系がデビューした

❷ 100系が引退《いんたい》した

❸「のぞみ」が大幅《おおはば》に増《ふ》えた

A

## こたえ：❸

2003年は、東海道新幹線のダイヤが現在《げんざい》の形《かたち》になる、大きなターニングポイントの年でした。

このときのダイヤ改正は、1時間《じかん》あたり「のぞみ」を最大《さいだい》で7本《ほん》、「ひかり」2本、「こだま」2本の運行《うんこう》を基本《きほん》としたもので、「のぞみ」の1日あたりの運行本数《ほんすう》は、それまでの75本から137本へと大幅に増加《ぞうか》しました（定期列車《ていきれっしゃ》の本数）。そのかわりに「ひかり」は1時間に6本から2本へと減少《げんしょう》しました。

なお、❶のN700系は、JR東海《とうかい》とJR西日本《にしにほん》の共同開発車両《きょうどうかいはつしゃりょう》として、2003年6月に基本仕様《きほんしよう》とイメージ画《が》が公開《こうかい》されましたが、デビューは2007（平成19）年7月です。

また❷の100系引退は、東海道新幹線のすべての車両を最高時速《さいこうじそく》270キロとし、「のぞみ」を大増発《だいぞうはつ》するにはどうしても必要《ひつよう》なことでしたが、定期的《ていきてき》な運用自体《うんようじたい》は2003年8月末《まつ》ですでに終《お》わっていました。

# Q37 ★☆☆

次世代《じせだい》の扉《とびら》を開《ひら》く輸送《ゆそう》システムとして、「リニア中央《ちゅうおう》新幹線」の建設《けんせつ》がスタートしました。これは、**いままでの鉄道《てつどう》とはまったく違《ちが》う仕組《しく》みで動《うご》く**ものですが、その方式《ほうしき》として正《ただ》しいものはどれでしょう。次《つぎ》の3つのなかから選《えら》んでください。

❶ 超時空《ちょうじくう》リニア

❷ 超音速《ちょうおんそく》リニア

❸ 超電導《ちょうでんどう》リニア

実験線を走るリニア中央新幹線

## こたえ：③

A

「超電導」というのはある種《しゅ》の金属《きんぞく》などを一定《いってい》の温度以下《おんどいか》に冷《ひ》やすと、電気抵抗《でんきていこう》がゼロになる現象《げんしょう》。超電導状態《じょうたい》のコイルに電流《でんりゅう》を流《なが》すと、半永久的《はんえいきゅうてき》に電流が流れ続《つづ》けます。

コイルに電流を流すと磁力《じりょく》が生《う》まれます。これを「電磁石《でんじしゃく》」といいます。ふつうのモーターは磁石の引《ひ》き合《あ》う力《ちから》、反発《はんぱつ》する力を利用《りよう》して、外側《そとがわ》の電磁石のなかで内側の電磁石を回転《かいてん》させますが、超電導リニアは、外側のコイルにあたるものをガイドウェイ（軌道《きどう》）にずらりと並《なら》べて設置《せっち》し、車両側《しゃりょうがわ》の超電導磁石とのあいだで磁力の引き合う力、反発する力を発生させ、それを推進力《すいしんりょく》にしています。

車両は磁力によって約《やく》10センチほど浮《う》いた状態《じょうたい》になっています。車両はどこにも接触《せっしょく》していないので、車輪《しゃりん》で走《はし》る鉄道や自動車《じどうしゃ》などに比《くら》べて、ずっと高速《こうそく》で走ることができます。

# Q38 ★★☆

超電導《ちょうでんどう》リニアの先頭車両《せんとうしゃりょう》には、どうして列車《れっしゃ》の一番前《いちばんまえ》にあるはずの**運転席《うんてんせき》の窓《まど》がないのでしょうか。**

❶ 外《そと》からは見《み》えない特殊《とくしゅ》な窓だから

❷ 運転士《うんてんし》が必要《ひつよう》ないから

❸ 速《はや》すぎて、窓をつくることが危険《きけん》だから

超電導リニアL0系。確かに運転席の窓がありません

A

## こたえ：❷

超電導リニアの運転は地上《ちじょう》のシステムによる中央制御《ちゅうおうせいぎょ》で行《おこな》うことから、運転士の必要はありません。運転士はいませんが、中央新幹線においては、お客《きゃく》さまへの車内《しゃない》サービス、異常時《いじょうじ》の対応《たいおう》などを行うために必要《ひつよう》な乗務員《じょうむいん》を複数人《ふくすうにん》、乗務させる予定《よてい》です。

この超電導リニア技術《ぎじゅつ》を採用《さいよう》する中央新幹線の開業《かいぎょう》は、第一局面《だいいちきょくめん》として進《すす》める東京都《とうきょうと》〜名古屋市間《なごやしかん》で、約《やく》10年後《ねんご》の2027（平成《へいせい》39）年が予定されています。営業速度《えいぎょうそくど》は時速《じそく》500キロで、東京都〜名古屋市間を最速《さいそく》40分で結《むす》ぶ予定です。

# Q39 ★★☆

1995（平成《へいせい》7）年《ねん》に登場《とうじょう》した955形《がた》新幹線試験電車《しけんでんしゃ》、通称《つうしょう》「300X」。車体《しゃたい》のアルミ合金化《ごうきんか》や新型《しんがた》のデジタルATC、車体傾斜制御装置《しゃたいけいしゃせいぎょそうち》、パンタグラフカバーなど、700系以降《けいいこう》の車両《しゃりょう》で実《み》を結《むす》ぶ数々《かずかず》の新技術《しんぎじゅつ》の確立《かくりつ》に貢献《こうけん》しました。さてこの**300Xが打《う》ちたてた、鉄道《てつどう》の国内最高《こくないさいこう》速度記録《そくどきろく》**は、時速何《じそくなん》キロでしょう？

❶ 403キロ
❷ 443キロ
❸ 505キロ

## こたえ：②

# A

1996年（平成8）7月に、普通《ふつう》の鉄道の国内最高速度である時速443・0キロを記録《きろく》しました。300Xは、高速《こうそく》鉄道に最適《さいてき》な先頭《せんとう》の形《かたち》を検討《けんとう》するために、1号車《ごうしゃ》は「カスプ型《がた》」と呼《よ》ばれる700系に似《に》た形《かたち》に、6号車は300系に似た「ラウンドウェッジ型」という流線形《りゅうせんけい》をしていましたが、そのときは6号車側《がわ》が先頭でした。

現在《げんざい》、6号車が愛知県名古屋市《あいちけんなごやし》の「リニア・鉄道館《てつどうかん》」、1号車が米原《まいばら》駅近《ちか》くにある「財団法人《ざいだんほうじん》鉄道総合技術研究所《そうごうぎじゅつけんきゅうしょ》」の施設《しせつ》に、静態保存《せいたいほぞん》されています。

リニア・鉄道館に展示されている300Xの6号車。その側面には、最高速度を記念したステッカーが

# Q40 ★☆☆

東海道新幹線の歴史《れきし》を担《にな》ってきて、いまはもう営業運転《えいぎょううんてん》から引退《いんたい》してしまった車両《しゃりょう》たち。そう0系、100系、300系の面々《めんめん》です。かれらの実物《じつぶつ》をどうしても見たい！　というときに、**全部《ぜんぶ》まとめて一度《いちど》に会《あ》える便利《べんり》な場所《ばしょ》があります。**どこだか知《し》っていますよね？

**こたえ：愛知県名古屋市《あいちけんなごやし》にある「リニア・鉄道館《てつどうかん》」**

リニア・鉄道館には、0系新幹線が4両《りょう》（21形式《けいしき》の先頭《せんとう》車《しゃ》、36形式の食堂車《しょくどうしゃ》と37形式のビュフェ車、16形式のグリーン車）のほか、100系123形式の先頭車と168形式の2階建《かいだ》て食堂車、300系322形式の先頭車、700系723形式の先頭車などが保存《ほぞん》されています。そのほか、「ドクターイエロー」と呼《よ》ばれる922形《がた》や、通称《つうしょう》「300X」（955形《がた》新幹線試験電車《しけんでんしゃ》、95・96ページにくわしい説明《せつめい》があります）の6号車などもあります。

0系は各地《かくち》で静態保存《せいたいほぞん》されていますが、300系が静態保存されているのは、全国《ぜんこく》でもここだけです（リニア・鉄道館については102ページにもくわしい記事《きじ》があります）。

豆知識

**0系が静態保存されている所**

鉄道博物館（埼玉県さいたま市）、青梅鉄道公園（東京都青梅市）、新幹線電車図書館（東京都昭島市）、新通町公園（静岡県富士市）、京都鉄道博物館（京都府京都市）、鉄道歴史公園（京都府亀岡市）、新幹線公園（大阪府摂津市）、カワサキワールド（兵庫県神戸市）、川崎重工業兵庫工場（兵庫県神戸市）、鉄道歴史パーク in SAIJO（愛媛県西条市）、ヨーク国立鉄道博物館（イギリス、ノースヨークシャー州）など

A

# Q41★★★

現在《げんざい》、東海道新幹線が走《はし》っている「線路《せんろ》」で最初《さいしょ》に営業運転《えいぎょううんてん》を行《おこな》った列《れっ》車《しゃ》は、**じつは新幹線ではありませんでした。**さてどんな列車が「一番《いちばん》列車」だったのでしょう?

❶ 開業前《かいぎょうまえ》に完成《かんせい》した線路《せんろ》を、近《ちか》くを走《はし》る私鉄《してつ》に貸《か》したため、その私鉄が一番列車になった

❷ 沿線《えんせん》の住民《じゅうみん》の要望《ようぼう》にこたえて、開業までのあいだ一部区間《いちぶくかん》を使《つか》って在来線《ざいらいせん》を走らせていたため、その在来線が一番列車になった

❸ 在来線の線路を東海道新幹線がゆずり受《う》けている区間があるため、厳密《げんみつ》にいうとその路線《ろせん》をつくったときに最初に走った列車が一番列車になる

A

## こたえ：①

京都《きょうと》～新大阪《しんおおさか》間《かん》に、今《いま》でも阪急《はんきゅう》京都線《せん》が並行して走っている区間があります（大山崎《おおやまざき》～上牧《かんまき》間）。この区間に新幹線の高架橋《こうかきょう》をつくるにあたり、近くを走っていた阪急線の高架橋もあわせて建設《けんせつ》することになりました。そこで先に新幹線の工事を終《お》わらせ、阪急線の工事のあいだ、新幹線の線路を阪急電車が使うことになりました。阪急電車は新幹線と同じ標準軌《ひょうじゅんき》（レールとレールの間《あいだ》の距離《きょり》が1435ミリの線路《せんろ》。在来線は1067ミリ）だったので、新幹線の線路がそのまま使えたのです。

阪急電車は、1963（昭和38）年の4月から12月まで新幹線の線路を走りました。つまり、新幹線の線路を最初に走った営業用車両《えいぎょうようしゃりょう》は新幹線ではない。ということになります。

現在の阪急京都線水無瀬駅付近。新幹線がすぐとなりを走っている

豆知識

**弾丸列車計画**

戦前にあった東京～下関間に高速列車を走らせる計画。新幹線と同じような標準軌の専用軌道で、平均時速150キロの蒸気機関車が東京～大阪間を4時間30分、下関までは9時間で結ぶ予定でした。太平洋戦争の戦局悪化により1943(昭和18)年、計画は中止されましたが、東海道区間では用地の確保が進んでいたため、新幹線の建設に大きく役立ちました。

## リニア・鉄道館

# 高速《こうそく》鉄道《てつどう》の歴史《れきし》と未来《みらい》を体感《たいかん》しよう

### 39両《りょう》の歴史的名車《れきしてきめいしゃ》が大集合《だいしゅうごう》

東海道新幹線を中心《ちゅうしん》に、在来線《ざいらいせん》から超電導《ちょうでんどう》リニアまで、数多《かずおお》くの実物車両《じつぶつしゃりょう》の展示《てんじ》やシミュレータなどを通《つう》じて、高速鉄道技術《ぎじゅつ》の進歩《しんぽ》を実感《じっかん》できるのが「リニア・鉄道館」。０系から７００系までのさまざまな新幹線車両を展示。ほかにも時速《じそく》４４３キロを記録《きろく》した「３００Ｘ」や２００３（平成《へいせい》15）

左／1階にずらりとならぶ車両たち。手前から700系、300系、100系、0系。奥にも在来線を展示しています　下／0系をベースにした先代のドクターイエロー、922形の勇姿

年に当時《とうじ》の世界最高速度《せかいさいこうそくど》、時速《じそく》581キロを記録《きろく》した超電導リニア「MLX01-1」など、この本《ほん》で紹介《しょうかい》したさまざまな車両の実物《じつぶつ》を間近《まじか》で見《み》ることができます。

在来線では旅客用《りょかくよう》として日本最《にほんさい》大《だい》・最速《さいそく》のC62形式蒸気機関車《けいしきじょうききかんしゃ》（狭軌《きょうき》におけるSLの世界最高速度を記録）をはじめ、それぞれの時代《じだい》の先端《せんたん》として活躍《かつやく》した車両が展示されています。

## 本格《ほんかく》シミュレータで運転体験《うんてんたいけん》も

展示コーナーには、N700系の新幹線シミュレータや在来線《ざいらいせん》の

シミュレータ、鉄道のしくみがわかる展示や体験学習室《たいけんがくしゅうしつ》など、実際《じっさい》に触《さわ》って、動《うご》かして、楽《たの》しみながら学《まな》べるコーナーがいろいろ。超《ちょう》電導《でんどう》リニアについても模型《もけい》やミニシアターなどで、浮上《ふじょう》や走行《そうこう》のしくみがわかります。

歴史展示室では東海道新幹線を中心《ちゅうしん》に日本《にほん》における鉄道の歴史を、経済《けいざい》や文化《ぶんか》の側面《そくめん》からわかりやすく解説《かいせつ》しています。

リニア・鉄道館にはほかにも日本最大級《さいだいきゅう》の面積《めんせき》をもつ鉄道ジオラマなどもあって、そのすべてを楽しむにはとても1日では足《た》りません。何度《なんど》も通《かよ》ってみたくなること間違《まちが》いなしです。

## リニア・鉄道館
### 夢と想い出のミュージアム

**住所**●愛知県名古屋市港区金城ふ頭3−2−2
**アクセス**●名古屋駅からあおなみ線にのりかえて24分、金城ふ頭駅下車。徒歩約2分
**電話**●052(389)6100
営業時間●10時～17時30分(入館は17時まで)
**休館日**●火曜日(祝日の場合は翌日。春休み、GW、夏休みなどは火曜日も開館します。)、年末年始(12/28～1/1)
**料金**●大人1000円、小中高生500円、幼児(3歳以上未就学児)200円
**シミュレータ利用料**●大人気の新幹線シミュレータ「N700」と在来線シミュレータ「車掌」は1回500円(抽選制)。在来線シミュレータ「運転」は1回100円(先着順)
**施設**●館内には鉄道グッズなどを販売する「ミュージアムショップ」と、駅弁などを販売する「デリカステーション」があります。くわしくはリニア・鉄道館のＨＰをご確認ください。 http://museum.jr-central.co.jp/

# 車内《しゃない》と沿線《えんせん》のあれこれ

Part3

下《くだ》り列車《れっしゃ》で三島駅《みしまえき》を通過《つうか》して少《すこ》しすると、進行方向《しんこうほうこう》に向《む》かって左側《ひだりがわ》（海側《うみ》）に**スキーのジャンプ台《だい》**のようなものが見《み》えてきます。しかも新幹線の車両《しゃりょう》が停《と》まっていることも。あのジャンプ台のようなものは、いったいなんなのでしょう？

❶ 新幹線《しんかんせん》を一時的《いちじてき》に停めておくための線路《せんろ》

❷ 保守用車《ほしゅようしゃ》の昼間《ひるま》の待機所《たいきじょ》

❸ 箱根方面《はこねほうめん》から下《くだ》ってきた列車《れっしゃ》のブレーキがこわれた場合《ばあい》、突入《とつにゅう》して停めるための緊急避難所《きんきゅうひなんじょ》

上／新幹線から見た「ジャンプ台」
左／ジャンプ台の真下まで行ってみた。巨大だ！

# Q42 ★★☆

## こたえ：①

三島駅の近《ちか》くにある三島車両所《しゃりょうじょ》の着発線《ちゃくはつせん》です。着発線というのは、列車の到着《とうちゃく》や出発《しゅっぱつ》のときにいったん停めておくための線路で、ここに停まった車両は、折《お》りかえしてまた出《で》ていきます。新幹線から見ると空《そら》に向かって斜《なな》めに突《つ》きだして見えますが、車両を停めておくための場所《ばしょ》なので、じつは水平《すいへい》です。隣《となり》を走《はし》る下《くだ》りの新幹線は坂《さか》を下《お》りていくのに着発線だけが水平なので、かえって上にあがっていくように見えるのです。

三島の車両所は新幹線開業《かいぎょう》から2年後《ねんご》の1966（昭和《しょうわ》41）年に第《だい》1期工事《きこうじ》が完了《かんりょう》、電《でん》留線《りゅうせん》、整備線《せいびせん》、折《お》り返《かえ》し線、引《ひ》き上《あ》げ線などが作られました。その後《ご》さらに拡張《かくちょう》され、1969（昭和44）年には着発線2線、電留線12線、仕業検査《しぎょうけんさ》線3線となりました。

A

# Q43 ★★☆

東海道新幹線でもっとも長《なが》いトンネルは熱海《あたみ》～三島駅間《みしまえきかん》にある**「新丹那《しんたんな》トンネル」で、長さは7959メートルです。**一方《いっぽう》、いちばん短《みじか》いトンネルは神奈川県大和市《かながわけんやまとし》にありますが、長さは何《なん》メートルでしょう?

❶ 30メートル

❷ 50メートル

❸ 60メートル

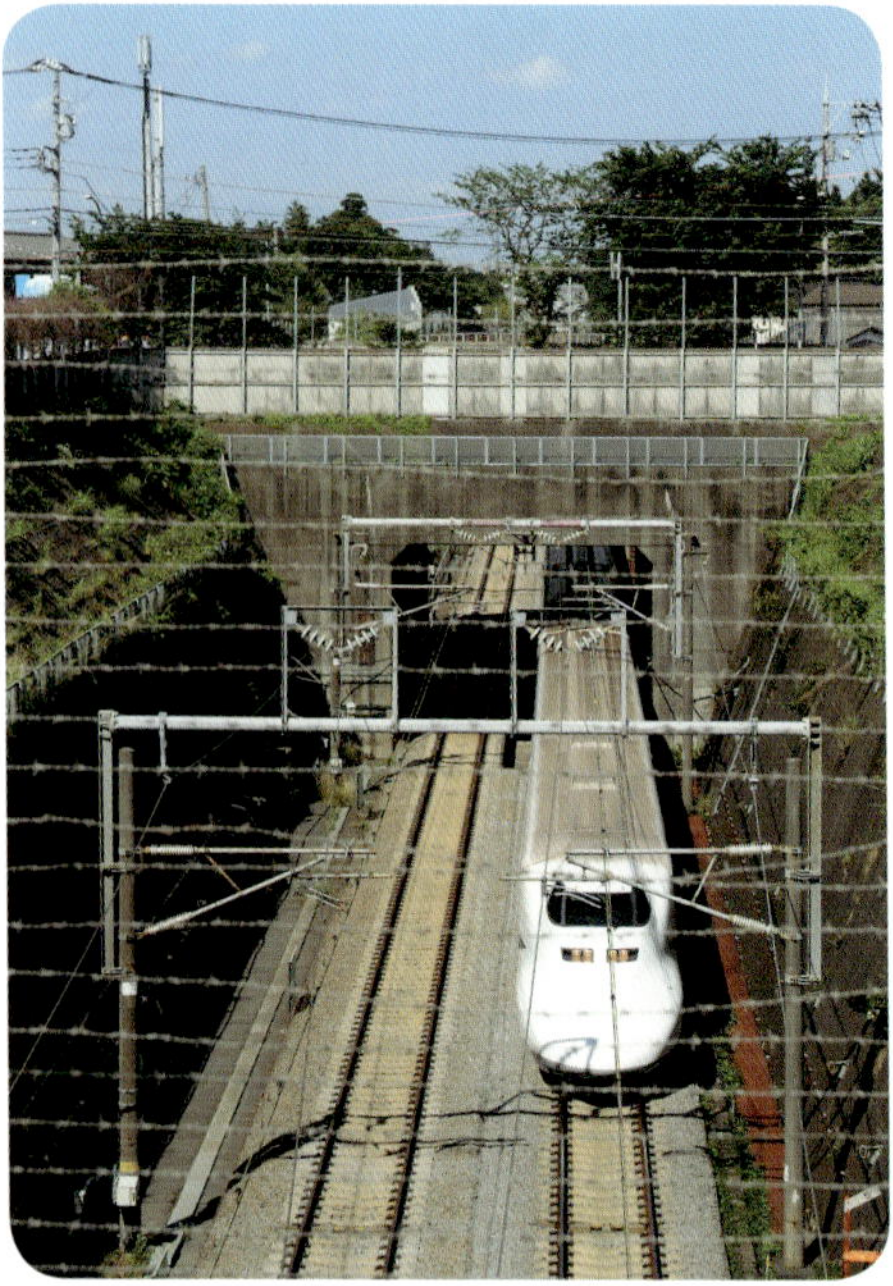

A

**こたえ：❶**

いちばん短いトンネルは、神奈川県大和市にある「第《だい》一《いち》大和トンネル」で、わずか30メートル。新幹線1両《りょう》分《ぶん》よりちょっと長いくらいです。一見《いっけん》するとトンネルには見《み》えませんが、れっきとしたトンネルです。上には大和市と神奈川県藤沢市《ふじさわし》を結《むす》ぶ国道《こくどう》467号線《ごうせん》が走《はし》っています。

# Q44★★★

東海道新幹線にはトンネルが66カ所《しょ》あります。では、駅と駅の間《あいだ》にあるトンネルの数《かず》がいちばん多《おお》い区間《くかん》は、次《つぎ》のうちどれでしょう。

❶ 小田原《おだわら》〜熱海《あたみ》
❷ 新横浜《しんよこはま》〜小田原
❸ 岐阜羽島《ぎふはしま》〜米原《まいばら》

第一熱海トンネルから出てきたN700系

# こたえ：②

東海道新幹線は、ほかの新幹線と比《くら》べるとトンネル区間が短《みじか》いという特徴《とくちょう》があります。全体《ぜんたい》のうち、トンネル部分《ぶぶん》はたったの13％しかありません（山陽《さんよう》新幹線は50％を超《こ》えます）。新横浜と小田原の間には17のトンネルがあります。ちなみに2位《い》は静岡《しずおか》～掛川間《かけがわかん》の11カ所です。

小田原～熱海間《かん》のトンネルは10カ所、山《やま》がちに見《み》える岐阜羽島～米原間は意外《いがい》に少《すく》なくて5カ所しかありません。また東京《とうきょう》～品川《しながわ》、三島《みしま》～新富士《しんふじ》、浜松《はままつ》～豊橋《とよはし》、三河安城《みかわあんじょう》～名古屋《なごや》～岐阜羽島、そして京都《きょうと》～新大阪《しんおおさか》の各駅間《かくえきかん》には、まったくトンネルがありません。

A

# Q45 ★☆☆

快適《かいてき》な列車《れっしゃ》の旅《たび》には、トイレも気持《きも》ち良《よ》く使《つか》えることが大切《たいせつ》です。N700系のトイレで、使用後《しようご》に水《みず》を流《なが》すと、サーッと少量《しょうりょう》の水《みず》がでたあとで底《そこ》がペコッと開《ひら》き、「コッ」という音《おと》がして便器《べんき》のなかのものが一気《いっき》になくなりました。あの「コッ」はいったいなんの音なのでしょう？

❶ 強風《きょうふう》で吹《ふ》き飛《と》ばしている音

❷ 真空《しんくう》で吸《す》いこむときの音

❸ 水を強《つよ》く噴射《ふんしゃ》するときの機械《きかい》の音

## こたえ：❷

A

N700系のトイレには、飛行機《ひこうき》と同《おな》じような「真空吸引式《しんくうきゅういんしき》」という方式《ほうしき》が使《つか》われています。まずは便器のなかにあるタンクの空気《くうき》をポンプで吸いだしていったん真空にしておきます。水を流したあとタンクのふたを開《あ》けると、汚物《おぶつ》は空気の圧力差《あつりょくさ》でタンクのなかに吸いこまれる、というしくみです。「コッ」という音は、その真空タンクの吸引音《きゅういんおん》です。

むかしの列車のトイレは下の線路《せんろ》が見《み》えたりしましたが、いまではすべてのトイレがタンクを備《そな》えています。便器を洗浄《せんじょう》するための水はかなりの量《りょう》が必要《ひつよう》になるため、きれいにして再利用《さいりよう》する方式などもありますが、真空吸引式は通常《つうじょう》の水洗《すいせん》トイレのように水の力《ちから》で流していないので、使用する水の量を少なくできるという利点《りてん》があります。

# Q46 ★☆☆

「東海道新幹線の車窓《しゃそう》から富士山《ふじさん》を見《み》るのが楽《たの》しみ、だから、いつも山《やま》側《がわ》のE席《せき》に座《すわ》ります」という人も少《すく》なくないでしょう。ところが、**海《うみ》側《がわ》のA席からでも一瞬《いっしゅん》、富士山を見ることができる場所《ばしょ》がある**といいます。江戸時代《えどじだい》から東海道の「左富士《ひだりふじ》」は有名《ゆうめい》だったけど、はたして新幹線にも左富士はあるのか、ないのか、どちらでしょう？

A

**こたえ：じつは、一瞬《いっしゅん》ですがあります**

静岡《しずおか》～掛川間《かけがわかん》、下《くだ》り列車なら静岡駅を出てすぐの、安倍川橋梁《あべかわきょうりょう》と用宗《もちむね》トンネルの間《あいだ》を走《はし》っているときに、富士山がA席（海側）から見えるポイントがあります。この地点《ちてん》は、新幹線の線路《せんろ》がほぼ南北《なんぼく》の向きに敷《し》かれていて、富士山は列車《れっしゃ》から北東方向《ほくとうほうこう》58キロの地点《ちてん》にあるので、下り列車なら進行《しんこう》方向に対《たい》して左《ひだり》の後方《こうほう》に、上《のぼ》り列車なら進行方向の右側前《みぎがわぜん》方《ぽう》に富士山が見えます。

時間《じかん》にして数十秒《すうじゅうびょう》ほど、距離《きょり》があるので天気《てんき》がいい日でないと見えないことも。見ることができた人はきっとその日一日《ひいちにち》、いいことがおきるかもしれませんよ。

# Q47 ★★★

車掌《しゃしょう》さんは黒《くろ》い手帳《てちょう》みたいなものを持《も》ち歩《ある》いていて、それにパパッとタッチして指定席《していせき》の空席《くうせき》の確認《かくにん》などをすぐにしてくれます。あの装置《そうち》は「車掌携帯《しゃしょうけいたい》端末《たんまつ》」と呼《よ》ばれているそうですが、実《じっ》際《さい》にはない機能《きのう》はどれでしょう？

❶ 感熱式《かんねつしき》のプリンターが付《つ》いていて、車内《しゃない》で補充券《ほじゅうけん》が買《か》える

❷ 最新《さいしん》の運行情報《うんこうじょうほう》やテロップの情報が見られる

❸ クレジットカードできっぷが買える

## こたえ：③

A

東海道新幹線の車掌携帯端末は2003（平成《へいせい》15）年《ねん》から導入《どうにゅう》されました。最新《さいしん》のものは新幹線のEX-ICカードや在来線《ざいらいせん》のTOICAなどのICカードを読《よ》み取《と》ることができ、磁気《じき》リーダーとつなげば裏《うら》が黒《くろ》いきっぷなどの情報も読み取れます。また、車内《しゃない》ではデジタル列車無線《れっしゃむせん》を使って運行情報やテロップの情報、お客《きゃく》さまの改札通過《かいさつつうか》、指定席発売《はつばい》情報などもすぐにわかるようになっています。

このため、東海道新幹線では2016（平成28）年3月から、グリーン車と指定席の車《しゃ》内改札《ないかいさつ》を省略《しょうりゃく》することができました（自由席《じゆうせき》や一部《いちぶ》の割引切符《わりびききっぷ》については、引《ひ》き続《つづ》き車内改札を行《おこな》っています）。

# Q48 ★★☆

東海道新幹線の日本語《にほんご》車内《しゃない》アナウンスは女性《じょせい》の声《こえ》ですが、さて誰《だれ》の声でしょう?

❶ コンピューターの自動音声《じどうおんせい》

❷ JR東海《とうかい》の社員《しゃいん》

❸ ナレーションの専門家《せんもんか》

❹ 何人《なんにん》かのローテーションになっている

## こたえ：③

テレビ番組《ばんぐみ》のナレーションなどで活躍《かつやく》されている脇坂京子《わきさかきょうこ》さんというプロのナレーターが担当《たんとう》しています。大切《たいせつ》な車内アナウンスだけに、聞《き》き取《と》りやすく、アクセントを間違《まちが》えないようにするなど、注意《ちゅうい》すべき点《てん》がたくさんあり、高《たか》い技術《ぎじゅつ》が求《もと》められます。脇坂さんは、1987（昭和《しょうわ》62）年《ねん》のJR東海発足《とうかいほっそく》の時期《じき》から東海道新幹線のアナウンスを担当しています。アナウンス内容《ないよう》はずっと変《か》わらないように思《おも》えますが、一部《いちぶ》は毎年更新《まいとしこうしん》しているのだそう。

「毎日何万人《まいにちなんまんにん》ものお客《きゃく》さまが、いろんな思《おも》いで乗《の》られるのが新幹線。ビジネス、観光《かんこう》、お祝《いわ》いごと、悲《かな》しいこと、そのすべての方《ほう》に、気持《きも》ちよく過《す》ごしていただきたいと、収録《しゅうろく》のたびに心《こころ》がけています」。

# Q49★★★

ワゴンにコーヒーやサンドイッチ、ビール、各地《かくち》のおみやげなど、さまざまなものをのせてきてくれる車内販売《しゃないはんばい》は、新幹線の楽《たの》しみのひとつです。よく売《う》れるものは、朝《あさ》ならコーヒー、夜《よる》はビール、だそうですが、そこで問題《もんだい》。あのコーヒーポットには、コーヒーが何杯分《なんばいぶん》入《はい》るでしょう？

❶ 22杯

❷ 10杯

❸ 17杯

## A こたえ：3

ポットにはコーヒーが17杯分入るそうです。朝から午前中《ごぜんちゅう》にかけては、とにかくコーヒーがよく売れます。たとえばコーヒーポットを5本《ほん》、用意《ようい》して乗《の》りこんだのに、それが全部《ぜんぶ》売りきれてしまって、あわてて追加《ついか》で新幹線の車内《しゃない》でコーヒーをつくる……などということもあるのだとか。約《やく》2時間《じかん》でコーヒーが100杯以上《いじょう》ですから、そうなると大《おお》いそがしです。

11号車《ごうしゃ》には「車販準備室《しゃはんじゅんびしつ》」があります。ここは冷蔵庫《れいぞうこ》や冷凍庫《れいとうこ》、予備《よび》の商品《しょうひん》などが置《お》いてある、いわばワゴンの「基地《きち》」。発車前《はっしゃまえ》に11号車を通《とお》りかかると、ワゴンの準備をしているパーサーさんがきびきびと働《はたら》いているのを見かけることがあります。小さなキッチンとコーヒーマシンもあるので、足《た》りなくなったコーヒーはここでつくります。タイミングによっては、車内でいれたてのコーヒーが飲《の》めるわけですね。

ワゴン販売のいろいろについてはこのあと、143ページからのコラムでパーサーさんにインタビューしていますので、あわせてお読《よ》みください！

# Q50 ★★☆

車内販売《しゃないはんばい》からもう1問《もん》。ワゴンにはいつも50〜60種類《しゅるい》の商品《しょうひん》が積《つ》んであります。そのほとんどは飲《の》み物《もの》か食《た》べ物ですが、食べられないものが4つあります。2つは、グリーン車《しゃ》にも置《お》いてある雑誌《ざっし》の「Ｗｅｄｇｅ《ウェッジ》」と「ひととき」。さてのこりの2つはなんでしょう。2つ選んでください。

（2016年《ねん》7月現在《がつげんざい》）

❶ レターセット

❷ イヤホン

❸ 目覚《めざ》まし時計《どけい》

❹ モバイル用充電器《ようじゅうでんき》

❺ キーホルダー

## こたえ：②と④

お弁当《べんとう》やおみやげ、お菓子《かし》、デザート、コーヒー、ソフトドリンク、お酒《さけ》、おつまみなどなど……。商品ラインナップはコンビニの棚《だな》と同《おな》じように、つねに変《か》わっています。ポテトチップスなどはいつも同じものが売《う》られているように見えますが、実際《じっさい》には新製品《しんせいひん》や限定商品《げんていしょうひん》など、最新《さいしん》のイチオシ商品も販売されているのです。

そんななか、「イヤホン」はずっと売られ続《つづ》けている商品のひとつ。そして充電器は最近《さいきん》のマストアイテムです。

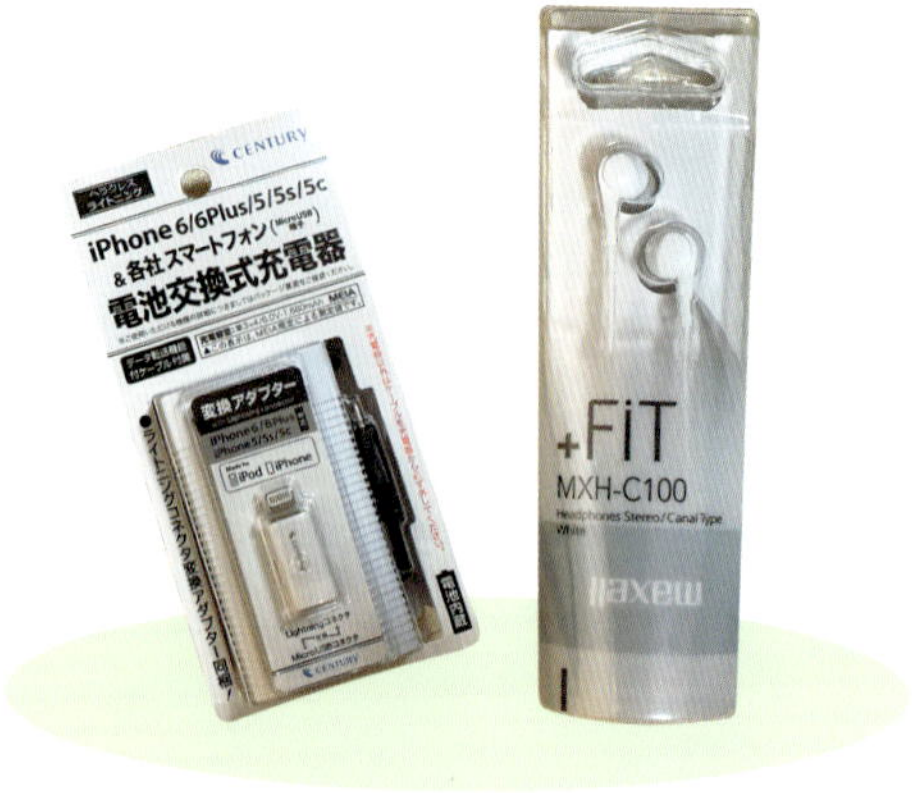


A

# Q51 ★★☆

下《くだ》りの「のぞみ」が新横浜《しんよこはま》の次《つぎ》に停《と》まるのは約《やく》1時間《じかん》20分後《ぷんご》の名古屋《なごや》。このように長時間《ちょうじかん》走り続《つづ》けている区間《くかん》で、「急病人発生《きゅうびょうにんはっせい》！」のような緊《きん》急事態《きゅうじたい》がおきると大変《たいへん》です。そのような場合《ばあい》、お医者《いしゃ》さんにご協力《きょうりょく》をお願《ねが》いすることになりますが、お医者さんの判断《はんだん》を助《たす》けるために、新幹線は車内《しゃない》に4種類《しゅるい》の「支援用具《しえんようぐ》」を搭載《とうさい》しています。ペンライト、血圧計《けつあつけい》、聴診器《ちょうしんき》、あとひとつはなんでしょう？

1. 注射器《ちゅうしゃき》とカンフル
2. 脈拍《みゃくはく》と循環器《じゅんかんき》の状態《じょうたい》を判定《はんてい》する機械《きかい》
3. 人工呼吸器《じんこうこきゅうき》

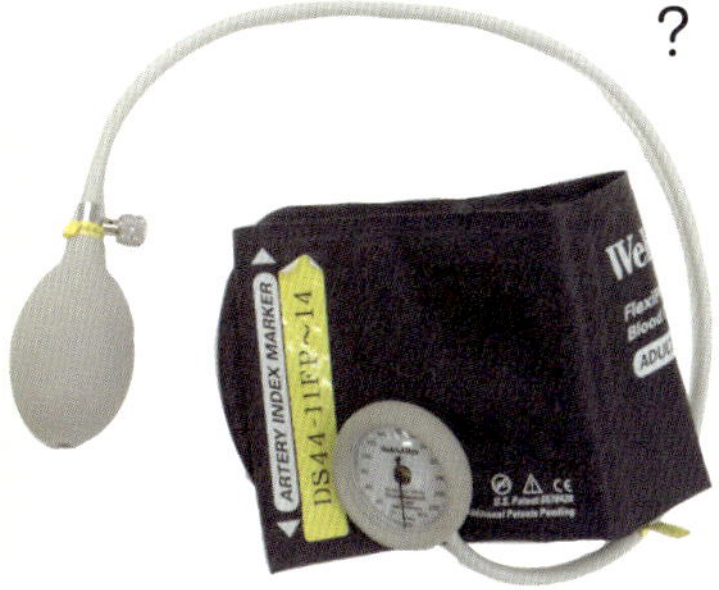

車内に備えつけの血圧計

## こたえ：②

# A

指《ゆび》につけて脈拍と血中《けっちゅう》の「酸《さん》素《そ》飽《ほう》和《わ》度《ど》」を測《はか》ることで、全身《ぜんしん》状態《じょうたい》を判定することができる機械で、パルスオキシメーターといいます。11号車《ごうしゃ》にある「多目《たもく》的室《てきしつ》」は、このような急病のお客《きゃく》さまの対応《たいおう》のほか、おからだの不自由《ふじゆう》なお客さまや、授乳《じゅにゅう》などにも利用《りよう》されます（利用するときは、乗務員《じょうむいん》に声《こえ》をかけてください）。

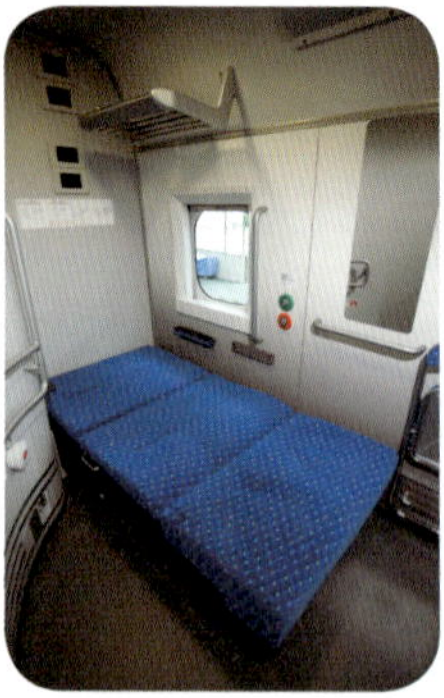

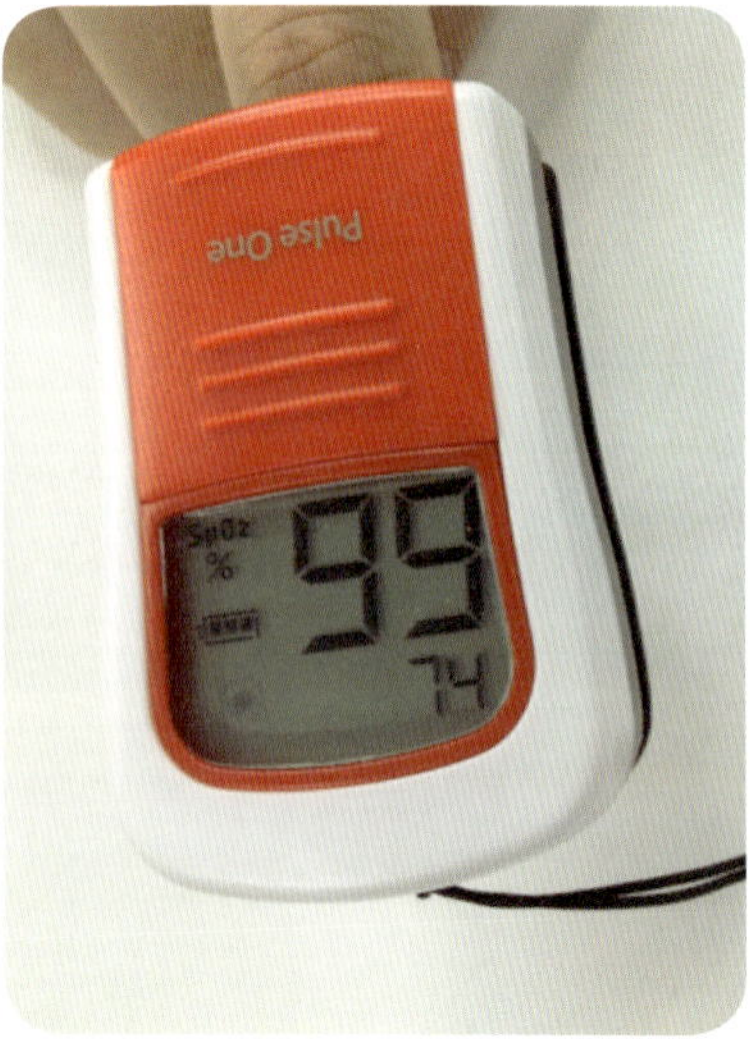


右／赤血球中のヘモグロビンのうち、酸素と結びついているものの割合を測ることができます　上／N700系の多目的室。シートを広げるとベッドになります

# Q52 ★☆☆

新幹線の本線《ほんせん》から分《わ》かれて、どこかへ向《む》かう線路《せんろ》をときどき、見《み》かけます。あの線路の先《さき》にあるのは車両《しゃりょう》の基地《きち》？　工場《こうじょう》？　それとも……。**なんだかとってもロマンを感《かん》じてしまいます。**さて東海道新幹線を整備《せいび》したり、点検《てんけん》したり、停《と》めておいたりする場所《ばしょ》は、沿線《えんせん》に全部《ぜんぶ》で何《なん》カ所《しょ》あるでしょうか？

1. 3カ所
2. 5カ所
3. 10カ所

A

## こたえ：2

東海道新幹線には、定期検査《ていきけんさ》および大がかりな修繕《しゅうぜん》を行《おこな》う車両基地が2カ所、定期検査および簡易《かんい》な修繕をする車両所《しゃりょうじょ》が2カ所、オーバーホールなどの大規模《だいきぼ》な定期検査を行う工場《こうじょう》が1カ所あります。

東京側《とうきょうがわ》から順《じゅん》にご紹介《しょうかい》しましょう。まずは大井《おおい》車両基地。品川《しながわ》駅のちょっと手前《てまえ》で左手《ひだりて》に分岐《ぶんき》していく線路の先にあります。つぎの三島《みしま》車両所は三島駅に隣接《りんせつ》。浜松《はままつ》工場への分岐は、浜松駅の少《すこ》し先《さき》の右手《みぎて》にあります。また浜松には、レールを管理《かんり》する「レールセンター」もあります。

名古屋《なごや》駅の先、庄内川《しょうないがわ》を渡《わた》る手前《てまえ》で左に分かれていくのが名古屋車両所への回送線《かいそうせん》。「日比津《ひびつ》回送線」とも呼《よ》ばれています。鳥飼《とりかい》車両基地は新大阪《しんおおさか》駅の少し手前、線路の右脇《みぎわき》に広《ひろ》がっています（上《のぼ》り列車の車窓《しゃそう》からよく見えます）。

それぞれの基地や車両所、工場でどのような検査や修理を行うのかは、236ページにくわしい説明《せつめい》があります。本線から分かれていく線路は基地などに向かうもの以外《いがい》にもあるので、車窓《しゃそう》からよく見て探《さが》してみてください！

# Q53 ★★☆

たくさんの新幹線車両《しゃりょう》が検査《けんさ》や修理《しゅうり》を受《う》けている、大阪《おおさか》の鳥飼《とりかい》車両基地《きち》。特別《とくべつ》の機会《きかい》がないと、なかには入《はい》れませんが、一般《いっぱん》の人《ひと》は車両基地のなかに立《た》ちいらなくてもずらっと並《なら》んで出庫《しゅっこ》を待《ま》つ新幹線がとてもよく見《み》える場所《ばしょ》があります。さて、どこから見えるでしょう?

❶ 新幹線の車窓《しゃそう》から、とてもよく見える

❷ 基地の上を通《とお》っている橋《はし》から、とてもよく見える

❸ 近《ちか》くを走るモノレールの車窓から、とてもよく見える

## こたえ：③

鳥飼車両基地には仕業検査《しぎょうけんさ》車両所《しゃりょうしょ》、修繕《しゅうぜん》車両所、交番《こうばん》検査車両所、台車《だいしゃ》検査車両所など数多《かずおお》くの施設《しせつ》があって、電車《でんしゃ》を留置《りゅうち》する電留線《でんりゅうせん》だけでも20本以上《ぽんいじょう》あります。新幹線車両の台車検査を行《おこな》うのは、基本的《きほんてき》にこの鳥飼車両基地だけ。また交番検査は、ここと大井《おおい》車両基地の2カ所《しょ》で行っています（検査の種類《しゅるい》と内容《ないよう》は、236ページにくわしい説明《せつめい》があります）。

鳥飼車両基地にはいつもたくさんの新幹線が停《と》まっています。ここに並ぶ列車《れっしゃ》の姿《すがた》は、新幹線の車窓や橋の上からでも見えますが、もっとよく見たい！　という人におすすめなのが、大阪《おおさか》モノレールからの眺《なが》め。モノレールの摂津《せっつ》～南摂津間《みなみせっつかん》で、大阪空港行《くうこうい》きでは進《しん》行方向右手《こうほうこうみぎて》に、門真市《かどまし》行きなら進行方向の左手《ひだりて》に見えます。また、同車両基地の西門《にしもん》からも新幹線を間近《まぢか》に見ることができます。

# Q54★★★

東海道新幹線沿線《えんせん》の電気《でんき》の周波数《しゅうはすう》は、静岡県《しずおかけん》の富士川《ふじかわ》あたりを境《さかい》に東《ひがし》が50ヘルツ、西《にし》が60ヘルツになっています。東海道新幹線は、この両地域《りょうちいき》をまたいで運行《うんこう》しているので、周波数の違《ちが》いに対応《たいおう》する必要《ひつよう》がありますが、その対応方法《ほうほう》として正《ただ》しいのは次《つぎ》のうちどれでしょう。

❶ 2種類《しゅるい》の周波数に対応できる装置《そうち》を車両側《しゃりょうがわ》に設置《せっち》している

❷ 周波数を変換《へんかん》する変電所《へんでんしょ》を設《もう》けて全区間《ぜんくかん》60ヘルツに統一《とういつ》している

❸ 新幹線独自《どくじ》の発電設備《はつでんせつび》を設け、全区間50ヘルツの電気を送《おく》っている

## こたえ：❷

50ヘルツの電気を受《う》け取《と》る区間では、その周波数を60ヘルツに変換して電車線《でんしゃせん》に送るために、4カ所《しょ》の「周波数変換変電所」（大井《おおい》、綱島《つなしま》、西相模《にしさがみ》、沼津《ぬまづ》）に、9台《だい》の「周波数変換装置」を設置しています。このうち綱島と西相模の変電所では、それぞれ1台の周波数変換装置を、モーターと発電機《はつでんき》を用いる「回転形《かいてんがた》」からコンバータやインバータなど最《さい》新《しん》のパワーエレクトロニクス技術《ぎじゅつ》を導入《どうにゅう》した「静止《せいし》形」に取《と》り替《か》えることで、さらなる省《しょう》電力《でんりょく》とメンテナンスの効率《こうりつ》化《か》を進めています。

このほか、電車線の電圧《でんあつ》を維持《いじ》するための電力《でんりょく》補《ほ》償装置《しょうそうち》（RPC）など、電車のエネルギー源《げん》となる大切《たいせつ》な電気に関《かん》する設備の増強《ぞうきょう》を進めて、安全《あんぜん》・安心《あんしん》で安定《あんてい》した新幹線の運行を支《ささ》えています。

A

# Q55 ★★☆

N700系には、パソコンやスマートフォンなどでインターネットに接《せっ》続《ぞく》できる**「車内《しゃない》インターネット接続サービス」**があります。このインターネット接続を可能《かのう》にするための、新幹線と外部《がいぶ》との通信方法《つうしんほうほう》についての正《ただ》しい説明《せつめい》を、次《つぎ》のなかから選《えら》んでください。

❶ 新幹線の沿線《えんせん》に張《は》られた特殊《とくしゅ》なケーブルで、新幹線側《がわ》のアンテナと交信《こうしん》している

❷ 沿線《えんせん》に小さなアンテナをたくさん立《た》て、移動《いどう》にあわせて高速《こうそく》で切《き》りかえながら、新幹線のアンテナと交信している

❸ レールに情報《じょうほう》を流《なが》し、車輪《しゃりん》との間《あいだ》でインターネット接続をしている

## こたえ：①

LCXケーブル（漏洩同軸《ろうえいどうじく》ケーブル）という特殊《とくしゅ》なケーブルを沿線に張り、新幹線車両《しゃりょう》のアンテナと交信しています。このケーブルは外側《そとがわ》に細《ほそ》いすきまをたくさんあけてあり、そこから電波《でんぱ》が「漏《も》れ出《だ》す」ことで、ケーブル自体《じたい》がアンテナの役割《やくわり》を果《は》たします。

通常《つうじょう》のアンテナでは、山間部《さんかんぶ》やトンネル内《ない》など電波《でんぱ》が通《つう》じにくい場所《ばしょ》が生《しょう》じる可能性《かのうせい》がありますが、LCXケーブルは、線路に沿《そ》ってずっとアンテナが張ってあるようなものなので、高速《こうそく》で走《はし》っている新幹線の車内《しゃない》でもつねに安定《あんてい》した通信《つうしん》が可能です。お客《きゃく》さまのインターネット接続だけでなく、業務用《ぎょうむよう》の無線電話《むせんでんわ》も、車内の公衆電話《こうしゅうでんわ》も、このLCXケーブルを利用《りよう》して通信《つうしん》しています。

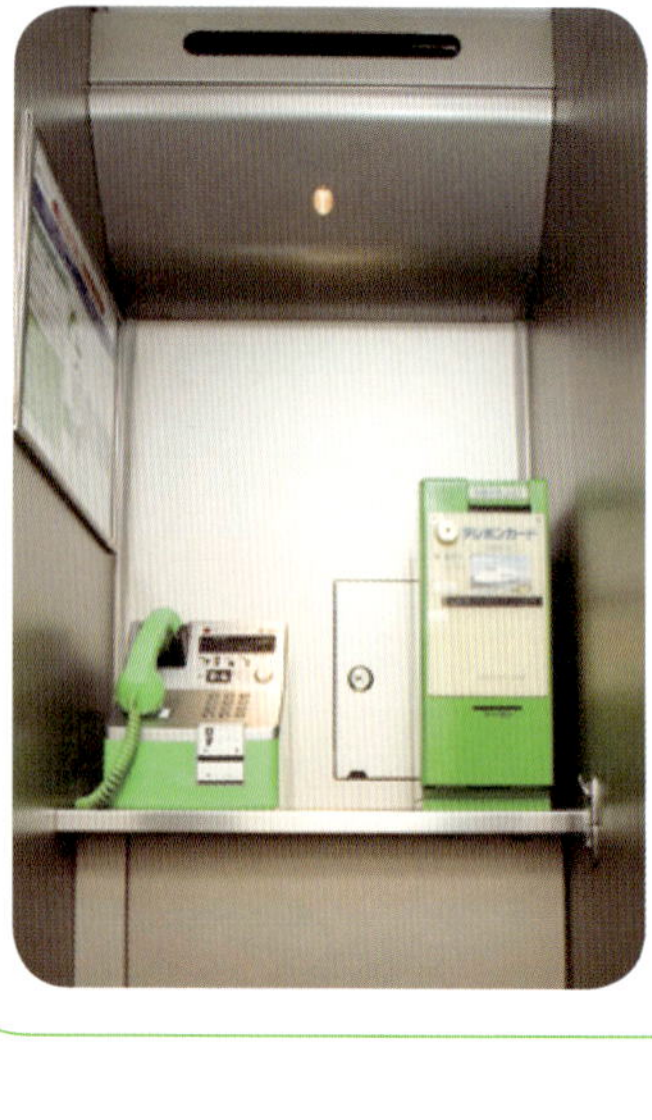

A

# Q56 ★★☆

LCXケーブルを使《つか》って新幹線が外部《がいぶ》とやりとりをする情報《じょうほう》は、業務用《ぎょうむよう》の無線電話《むせんでんわ》や車内《しゃない》インターネット接続《せつぞく》サービス、公衆電話《こうしゅうでんわ》だけではありません。次《つぎ》のうち、LCXケーブルによる情報通信《つうしん》システムを使っているのはどれでしょう？

❶ ATCに関《かん》するさまざまな情報

❷ 車内《しゃない》の電光表示《でんこうひょうじ》に流《なが》れる運行《うんこう》情報やニュース

❸「ただいま〇〇を時刻《じこく》どおり通過《つうか》しました」というアナウンス

A

## こたえ：②

東海道新幹線にはニュースや広告《こうこく》、天気予報《てんきよほう》やJR東海からのお知《し》らせなどが、各車両《かくしゃりょう》の両端《りょうはじ》のドアの上にある電光表示で見《み》られるサービスがあります。これは100系《けい》新幹線からはじまったもので、たとえばニュースの原稿《げんこう》は新聞社《しんぶんしゃ》などから集《あつ》められ、LCXケーブルを使《つか》った情報通信システムを通《つう》じて各車両に送《おく》られています。

電光表示も車両が新《あたら》しくなるにつれて大型化《おおがたか》、カラー化してきました。たとえばN700系では、広告テロップの場合、文字《もじ》の色《いろ》は8色《しょく》から選《えら》べます。一度《いちど》に画面《がめん》に入《はい》る文字は最大《さいだい》8文字で、広告全体《ぜんたい》として64文字までと決《き》まっています。

# Q57 ★★★

時刻表《じこくひょう》には駅ごとの「駅弁《えきべん》」が載《の》っているのですが、東海道新幹線で売《う》られている駅弁は、ひと駅平均何種類《へいきんなんしゅるい》でしょうか。

❶ 4・3種類
❷ 5・1種類
❸ 7・0種類
❹ 9・3種類
❺ 11・2種類

＊ただし、最近《さいきん》は駅の中《なか》でも外《そと》でもたくさんお弁当《べんとう》を売っていて「どこまでが駅弁か」の線引《せんび》きが難《むずか》しいので、今《こん》回《かい》は次《つぎ》の通《とお》りのルールで数《かぞ》えます。

●「JTB時刻表《じこくひょう》」2016年《ねん》7月号《がつごう》の東海道新幹線のページの欄外《らんがい》に掲載《けいさい》されている弁当を数《かぞ》える。

●複数《ふくすう》の駅で売られている同《おな》じ駅弁は1種類《しゅるい》と数える（名前《なまえ》と値段《ねだん》が同じなら、同じ駅弁と考《かんが》える）。季節《きせつ》によって中身《なかみ》が違《ちが》う弁当やサイズ違《ちが》いなどの弁当も1種類として数える。

## こたえ：4

全部《ぜんぶ》で160種類、ひと駅平均で約《やく》9・4種類でした。いちばん種類が多《おお》かったのは新《しん》横浜《よこはま》駅の37種類。少《すく》ないのは三河安城《みかわあんじょう》駅の0（ただしこれは、JTB時刻表に載っている駅弁がなかったというだけで、三河安城駅でまったくお弁当が買《か》えないわけではありません）。時刻表片手《かたて》に駅弁を数えてみて、新幹線の駅弁についてわかったことをいくつかご紹介《しょうかい》しましょう。

**その1**　東京《とうきょう》駅と品川《しながわ》駅、京都《きょうと》駅と新大阪《しんおおさか》駅は、駅弁の品揃《しなぞろ》えがほとんど同じ。また熱海《あたみ》駅で買える駅弁は、ほとんど小田原《おだわら》駅でも買えます。

**その2**　静岡《しずおか》・愛知県内《あいちけんない》は、どの駅の駅弁もバラエティー豊《ゆた》か。地元《もと》の名物《めいぶつ》を取《と》りいれた駅弁が多いので、乗《の》り降《お》りのときや通過待《つうかま》ちなどを利用《りよう》してじょうずに購入《こうにゅう》を。

**その3**　豊橋《とよはし》の駅弁のお稲荷《いなり》さんの多さ、「ステーキ弁当」など有名《ゆうめい》駅弁がある米原《まいばら》も見《み》逃《のが》せません。

A

# Q58★★★

駅弁《えきべん》でもう1問《もん》。左は「JTB時刻表《じこくひょう》」2016年《ねん》7月号《がつごう》から見る、東海道新幹線各駅《かくえき》の駅弁ラインナップの特徴《とくちょう》です。間違《まちが》っているものを選《えら》んでください。

❶ 名古屋《なごや》駅は、名前《なまえ》に「みそかつ」と付《つ》く駅弁が4つある

❷ 豊橋《とよはし》駅は名前に「稲荷《いなり》」が付く駅弁が5つもある

❸ 小田原《おだわら》駅は「すし」と名《な》が付く弁当が6つある

❹ いちばん値段《ねだん》が高《たか》いのは浜松《はままつ》駅の「濱松《はままつ》うなぎ飯《めし》」2630円

## こたえ：４

いちばんお値段《ねだん》がはる弁当は、三島駅《みしま》の「清流《せいりゅう》うなぎ弁当」２８００円でした。ごはんの上に、名物《めいぶつ》のうなぎがたっぷり3串《くし》。肉厚《にくあつ》のうなぎを上品《じょうひん》なタレでいただく一品《いっぴん》です。

ちなみに名古屋の「みそかつ」は「松浦《まつうら》のみそカツ」９８０円、「みそかつえびフライ弁当」９８０円、「みそカツ丼《どん》」９００円、「みそかつ弁当」８８０円。ほかにも牛《ぎゅう》めしや名物の「鶏《とり》」関係《かんけい》のお弁当が多く、かなりの肉食系《にくしょくけい》です。

豊橋の「稲荷」は「お好《この》み稲荷」６７０円、「ちくわ稲荷寿《す》し」６５０円、「三色《さんしょく》稲荷」５９０円、「稲荷詣《もう》で」５７０円、「稲荷寿し」５２０円。「助六《すけろく》寿司」５２０円も中身《なかみ》はかんぴょう巻《ま》きとお稲荷さんですから、稲荷寿司の駅弁が6つあることになります。

小田原の「寿司」は「炙《あぶ》り金目鯛《きんめだい》と小鯵押寿司《こあじおしずし》」１３５０円、「金目鯛炙り寿司」１２５０円、「小鯵押寿司」１０３０円、「伝承《でんしょう》鯵の押寿し」１２５０円、「鯵の押寿し」９６０円、「あじさいちらし寿し」６８０円。名物の鯵と金目鯛の寿司は、やはり大人気《だいにんき》のようです。

# Q59 ★★★

新幹線は雪《ゆき》が降《ふ》るとゆっくり走《はし》ることがあります。同《おな》じ程度《ていど》の激《はげ》しさで降る雨《あめ》の場合《ばあい》はゆっくり走ったりしませんが、なぜ雪のときはスピードを落《お》とすのでしょう？

❶ 前方《ぜんぽう》が見《み》えにくく、信号《しんごう》を見落《みお》とす可《か》能性《のうせい》があるため

❷ レール上《じょう》に氷《こおり》が付着《ふちゃく》し、すべりやすくなるため

❸ 車体《しゃたい》に付《つ》いた雪が走行中《そうこうちゅう》に落《お》ちると危《き》険《けん》なため

車体の下に付いた雪を洗浄機で落としています

A

## こたえ：③

走行時《そうこうじ》、風《かぜ》で巻《ま》き上《あ》げられた雪は車体にくっついてどんどん大きくなります。やがてその雪が線路《せんろ》にドサっと落ちると、線路の下にあるバラストを跳《は》ね上げて、車体にキズをつけてしまうおそれがあります。それをさけるために、雪を落とさないようゆっくりと走ります。

車両についた雪は駅に到着《とうちゃく》したときに、高圧《こうあつ》の水《みず》を噴射《ふんしゃ》する洗浄機《せんじょうき》などを使《つか》って落とします。高圧洗浄機はおもに関ヶ原《せきはら》の雪対策《たいさく》のため名古屋《なごや》、新大阪《しんおおさか》駅に、そして神奈川県内《かながわけんない》の雪対策として小田原《おだわら》駅に装備《そうび》されています。

東海道新幹線なるほどコラム③

## パーサーさんのお仕事

# 1列車《れっしゃ》でコーヒーを100杯《ぱい》以上《いじょう》！

**お客《きゃく》さまに、プラスアルファを**

「新幹線のワゴン販売《はんばい》の仕事《しごと》がしたくて、大学《だいがく》を卒業《そつぎょう》してこの会《かい》社《しゃ》に入《はい》りました」

ニコニコ笑《わら》いながら話《はな》すのは、ジェイアール東海《とうかい》パッセンジャーズ（JRCP）のパーサー、森田《もりた》貴恵《きえ》さん。入社《にゅうしゃ》3年目《ねんめ》の森田さんに、パーサーのお仕事はどのようなものか、聞《き》いてみました。

たとえば東京《とうきょう》から新大阪《しんおおさか》までの乗務《じょうむ》の場合《ばあい》。会社内《かいしゃない》で点呼《てんこ》をとり、同《おな》じ列車でいっしょに仕事をするパーサーさんたち（クルーといいます）とミーティング。東京駅に移動《いどう》して乗務する列車に乗《の》りこんだら、グリーン車の改札業務《かいさつぎょうむ》を担《たん》当《とう》するパーサーはお客さまを出迎《でむか》えます。ワゴン販売の担当は11号《ごう》車《しゃ》にある車販準備室《しゃはんじゅんびしつ》で出発《しゅっぱつ》の準備。

列車が発車《はっしゃ》したら1台は1号車《ごうしゃ》に向《む》けて、もう1台は16号車に向けて販売をスタートします。朝《あさ》はたいてい目《め》も回《まわ》るような忙《いそが》しさ。ポットのコーヒーがなくなると、途中《とちゅう》のデッキにワゴンをとめて、車販準備室に取《と》りに行《い》きます。それでも足《た》りなくて、車内でつくることも。夜《よる》の列車ではビールが飛《と》ぶように売《う》れます。とくに金曜日《きんようび》は大いそがしです。新大阪到着《しんおおさかとうちゃく》20分前《ぷんまえ》を目安《めやす》に車販準備室に戻《もど》り始《はじ》め、京都《きょうと》を過《す》ぎるころに片付準備《かたづけじゅんび》を始めます。混雑《こんざつ》しているときはワゴンではなく、かごに商品《しょうひん》を入《い》れて売りに行くときもあります。

「心《こころ》がけているのは、お客さまひとりひとりに応《おう》じたプラスアルファの接客《せっきゃく》をすることです。小さなお子《こ》さまがジュースを頼《たの》まれたら『ストローいかがなさいますか?』とか、おふたり連《づ》れの方《かた》がお弁当《べんとう》をひとつ頼まれたときは『お箸《はし》をもう1膳《ぜん》いかがですか』とか。先輩《せんぱい》から教《おし》えていただくこともありますし、自分《じぶん》でも工夫《くふう》しています」

手前右がお弁当類。人気は「東海道新幹線弁当」。真ん中やや上のケース内が「新幹線スイーツ」

## ワゴンの中身《なかみ》、大解剖《だいかいぼう》

ワゴンは、車内販売用《よう》の特注品《とくちゅうひん》です。商品を積《つ》んだときの重《おも》さは「大人《おとな》の男性《だんせい》の体重《たいじゅう》と同じくらいです」とのこと。

さて気《き》になる中身ですが、奥《おく》のほうにかごが3段《だん》。上段《じょうだん》はおかしと「新幹線スイーツ」です。とくに「オーボンヴュータン」や「メゾン・ド・プティ・フール」「ノリエット」の焼《や》き菓子《がし》は、おみやげにされるお客さまも多《おお》いそうです。

（写真はイメージです）

中段《ちゅうだん》はお酒《さけ》、おつまみとおみやげ。お酒はワインのほか、ウイスキーなら「山崎《やまざき》」のミニボトルも人気《にんき》。ウイスキーには氷《こおり》とお水《みず》が付《つ》いています。おみやげは崎陽軒《きようけん》の「シウマイ」と「うなぎパイ」があります。

下段《げだん》はお弁当と、サンドイッチ。下段のかごの上には、アイスクリームがセットされています。

作業台《さぎょうだい》には、コーヒーが入《はい》ったポットが2本《ほん》。雑誌《ざっし》は作業台奥のマガジンラックに差《さ》してあります。

その下には、ビールケースと保冷《ほれい》の引《ひ》き出しが2段。ビールやお水、お茶《ちゃ》、ジュースなどがいっぱいに入っています。

**アイコンタクトが大事《だいじ》**

ワゴンになにを積むかは決《き》まっていますが、ご要望《ようぼう》の多《おお》い商品を積みこまれた補充《ほじゅう》商品から積み増《ま》しするのはパーサーにまかされている部分《ぶぶん》です。これが売れそうと考《かんが》えて多めに積んだものが実際《じっさい》によく売れたときは、とてもうれしいそうです。

もちろんたくさん積んでも、それ以上《いじょう》に売れて、売り切《き》れになってしまうこともあります。お弁当などは最初《さいしょ》に通《とお》りかかったときに買ったほうが、種類《しゅるい》も豊《ほう》富《ふ》でおすすめだとか。

「なにかを買いたいと思っていらっしゃるお客さまは、わかります。めっちゃ目《め》が合《あ》いますから」

大阪出身《おおさかしゅっしん》の森田さんは、関西弁《かんさいべん》と笑顔《えがお》がとても印象的《いんしょうてき》でした。

「買いたいものがあるときには、パーサーのほうを見てください。客室《きゃくしつ》を出る前《まえ》にはかならず振《ふ》り返《かえ》って確認《かくにん》しますので、買い逃《のが》した方はそこでお呼《よ》びください」

お客さまの細《こま》かな動《うご》きも見逃《みのが》さないのが、車内販売のコツ。車内販売は、パーサーとお客さまの「あうんの呼吸《こきゅう》」で成《な》りたっているようです。

笑顔がチャーミングな森田さん

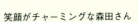

# 駅《えき》はワンダーランド

# Part 4

駅のキヨスクは、沿線《えんせん》のおみやげの宝箱《たからばこ》です。下の表《ひょう》は新幹線の駅の**おみやげ売《う》れゆきランキング**ですが、空欄《くうらん》にあてはまるものを左《ひだり》から選《えら》んでください。

(東海《とうかい》キヨスク調《しら》べ。2016年《ねん》7月現在《がつげんざい》のランキングです)

| | 1位 | 2位 | 3位 | 4位 |
|---|---|---|---|---|
| 東京駅 | 東京ばな奈「見いつけたっ」 | 東京たまご ごまたまご | 東京ばな奈 ツリーショコラブラウニー「見ぃつけたっ」 | ショコラ ドプレッソ |
| 浜松駅 | A | 大砂丘チーズ | 源氏パイ ピアノブラック | B |
| 名古屋駅 | C | D | ゆかり 名古屋黄金缶 | 小倉トースト ラングドシャ |
| 岐阜羽島駅 | D | 登り鮎 | E | 長良川跳あゆ |
| 京都駅 | 京ばあむ | C | 辻利京茶ラスク 抹茶 | 辻利京らんぐ |
| 新大阪駅 | 豚まん(チルド) | C | 焼売(チルド) | 点天 ひとくち餃子 |

**ヒント**

A/元祖「夜のお菓子」。ガーリックも入ってます。
B/知る人ぞ知る浜松銘菓。
C/300年の歴史を誇ります。レトロなピンクの包み紙もいい。
D/バリバリした食感。海の香り。やめられません。
E/地元で人気の洋菓子店の逸品です。しっとり、やさしい味。

# Q60 ★★☆

1 フランボワーズの「焼《やき》ドーナツ」

2 赤福餅《あかふくもち》

3 あげ潮《しお》

4 ゆかり

5 うなぎパイ

**こたえ：A―⑤　B―③　C―②　D―④　E―①**

**A**　1961（昭和《しょうわ》36）年《ねん》デビュー。バターが香《かお》る、さくっとした食感《しょっかん》は、職人《しょくにん》の手《て》わざだから生《う》み出《だ》される美味《おい》しさ（うなぎパイ　12本入《ほんいり》／962円《えん》／春華堂《しゅんかどう》）。

**B**　「あげ潮」は地元《じもと》でもファンの多《おお》いお菓子《かし》で、いくらでも食《た》べられそうな、上品《じょうひん》で軽《かる》いクッキー。コーンフレークのサクサク感《かん》、レーズン、胡桃《くるみ》、オレンジピールの食感《しょっかん》と香りを楽《たの》しんでください（あげ潮／675円／まるたや洋菓子店《ようがしてん》）。

**C**　名古屋《なごや》駅の1位はもちろん、京都《きょうと》と新大阪《しんおおさか》でも2位、というのが「赤福餅」のすごいところ。「伊勢名物《いせめいぶつ》」を超《こ》えた全国的《ぜんこくてき》人気です（赤福餅　8個《こ》入／720円／赤福）。

**D**　名古屋で2位、岐阜羽島《ぎふはしま》で1位の「ゆかり」は、えびがたっぷりと入ったせんべい。名古屋では別商品《べつしょうひん》も3位に登場《とうじょう》してつわものぶりを発揮《はっき》、中京圏《ちゅうきょうけん》ではその人気は絶大《ぜつだい》です（ゆかり　8枚入／691円／坂角総本舗《ばんかくそうほんぽ》）。

**E**　地元《じもと》の洋菓子店、フランボワーズの手作《てづく》り「焼ドーナツ」がランクイン。揚《あ》げていないのであっさり、いくつでもいけます（焼ドーナツ　5個／945円／フランボワーズ）。

A

# Q61★★★

東海道新幹線のホーム**上**《じょう》**にあるキヨスクがいちばん多**《おお》**い駅**はどこで、何店舗《なんてんぽ》あるでしょう？ぜひ各駅《かくえき》で、数《かぞ》えてみてください！（ベルマート、プレミアムキヨスクを含《ふく》みます。2016年《ねん》7月現在《がつげんざい》）

ホーム上のキヨスク

**こたえ：新大阪駅《しんおおさかえき》の13店舗**

新大阪駅の25・26番《ばん》ホームは、ひとつのホーム上に5店舗あります。これも最多記録《さいたきろく》。ちなみに2位は東京駅《とうきょうえき》で12店舗、3位は名古屋《なごや》で8店舗です。ホーム上にまったくお店《みせ》がないのは品川《しながわ》、熱海《あたみ》、新富士《しんふじ》、三河安城《みかわあんじょう》、岐阜羽島《ぎふはしま》の5駅。

これらの駅を利用《りよう》するときは、ホームに向《む》かう前《まえ》に買《か》い物《もの》をすませておきましょう。

また米原駅《まいばらえき》は上《のぼ》りホームにしか、新横浜駅《しんよこはまえき》は下《くだ》りホームにしか、キヨスクがありません。これも覚《おぼ》えておくと、ホームに来《き》てから「あ、反対《はんたい》のホームだ」などとあわてなくてすむかも。

A

# Q62 ★★★

東海道新幹線の各駅《かくえき》のうち、「ホーム上《じょう》にめん類《るい》が食《た》べられるお店《みせ》がある駅《えき》」の組《く》みあわせとして正《ただ》しいものを選《えら》んでください。

1. 東京《とうきょう》・小田原《おだわら》・名古屋《なごや》
2. 熱海《あたみ》・名古屋・京都《きょうと》
3. 三島《みしま》・米原《まいばら》・新大阪《しんおおさか》
4. 東京・三島・浜松《はままつ》
5. 新横浜《しんよこはま》・静岡《しずおか》・米原

そもそもこれはどこの駅のお店でしょう？　答えは次のページに。

A

こたえ：③ 三島・米原・新大阪

ホーム上《じょう》に、そば・うどん・きしめんなどめん類のお店があるのは、次《つぎ》の5駅です。

**東京駅**…18・19番《ばん》ホームの上野《うえの》駅寄《よ》りに「グル麺《めん》」があります。関東《かんとう》らしい黒《くろ》いつゆ。

**三島駅**…ホーム中ほどに「桃中軒《とうちゅうけん》」があります。さくらえびのかき揚《あ》げが名物《めいぶつ》。

**名古屋駅**…14・15番ホームおよび16・17番ホームに2カ所《しょ》ずつ、きしめんのお店がありま す。各《かく》ホームとも東京寄りが「グル麺」で京都寄りが「住《すみ》よし」です。

**米原駅**…上《のぼ》りホームに、お弁当《べんとう》でも有名《ゆうめい》な「井筒屋《いづつや》」のそば店があります。

**新大阪駅**…21・22番ホームの新神戸《しんこうべ》寄りに「グル麺」。関西らしく、だしは澄《す》んでいます。

東海道新幹線のホームの上で食べられるめん類は、地域色《ちいきしょく》にあふれバラエティ豊《ゆた》か。「鉄道《てつどう》グルメ」をめざすなら、ぜひ全店舗《ぜんてんぽ》で食べてみてください。ちなみに153ページのお店は、東京駅の「グル麺」でした！

# Q63 ★★☆

東海道新幹線の駅の改札《かいさつ》はすでにすべて自動《じどう》改札になっていますが、いちばん最初《さいしょ》に新幹線用の自動改札機《き》が置《お》かれた駅はどこだったでしょう？

❶ 名古屋《なごや》駅

❷ 静岡《しずおか》駅

❸ 東京《とうきょう》駅

**こたえ：②**

東海道新幹線で最初に、本格的《ほんかくてき》に自動改札機を設置《せっち》した駅は静岡《しずおか》駅で、1997（平成《へいせい》9）年《ねん》6月《がつ》に12台《だい》がお目《め》みえしたそうです。

新幹線の自動改札の場合《ばあい》はとくに、きっぷを最大《さいだい》4枚《まい》まで入《い》れられるのが特長《とくちょう》です。これは新幹線のきっぷや特急券《とっきゅうけん》などのほかに、在来線《ざいらいせん》のきっぷを入れることがあるため。自動改札機の内部《ないぶ》では磁気情報《じきじょうほう》の読《よ》みとり、内容《ないよう》のチェック、乗車情報《じょうしゃじょうほう》の書《か》きこみなどをした後《あと》で、投入《とうにゅう》された券の向《む》きをそろえて取《と》り出《だ》し口《ぐち》に搬送《はんそう》します。

磁気情報としてきっぷに書かれている「指定席《していせき》」の情報はサーバに送《おく》られ、車掌《しゃしょう》が持《も》つ携帯端末《けいたいたんまつ》からチェックすることができます。「この席《せき》はあいているけど、きっぷの持ち主《ぬし》はすでに改札を通《とお》っているな」などということが車掌の端末でわかるわけです。

A

# Q64 ★★☆

写真《しゃしん》のように、レールとレールの間《あいだ》に白《しろ》くて平《ひら》べったい箱《はこ》がおいてあるのを見《み》たことがあるでしょう。**新幹線にとってとても大切《たいせつ》なものです。**トランスポンダ地上子《ちじょうし》、という名前《なまえ》なのですが、さてどんな役目《やくめ》があるのでしょうか?

❶ 新幹線の通過速度《つうかそくど》を測《はか》り、異常《いじょう》があると近《ちか》くの駅に知《し》らせる

❷ 新幹線が通過すると、その情報《じょうほう》を指令《しれい》に送《おく》っている

❸ 走行中《そうこうちゅう》の新幹線と位置《いち》情報などを交信《こうしん》している

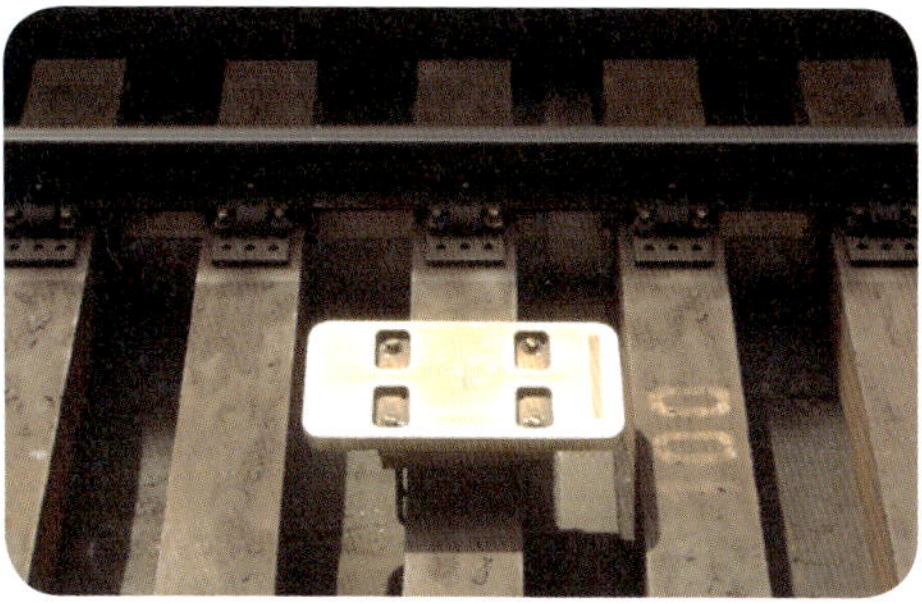

## こたえ：③

トランスポンダとはTransmitter（送信《そうしん》機《き》）とResponder（応答機《おうとうき》）を合《あ》わせた単語《たんご》です。トランスポンダ地上子は、列《れっ》車《しゃ》に取《と》り付《つ》けてある車上子《しゃじょうし》と交信して、正確《せいかく》な列車の位置などの情報を送っています。新幹線はその情報から自分の正確な位置を把握し、ATCにより列車速度を自動的《じどうてき》に制御《せいぎょ》します。

車内《しゃない》に表示《ひょうじ》される「○○駅《えき》を通過《つうか》しています」もトランスポンダからの情報にもとづいています。

豆知識

### ATC

ATC（Automatic Train Control：自動列車制御装置）は、先行列車との間隔などの情報をレールを介して地上側から新幹線側に伝え、新幹線において適切な速度を計算して運転室内に信号で示します。列車速度が適切な速度を上回ると自動的にブレーキをかけて速度を低下させます。

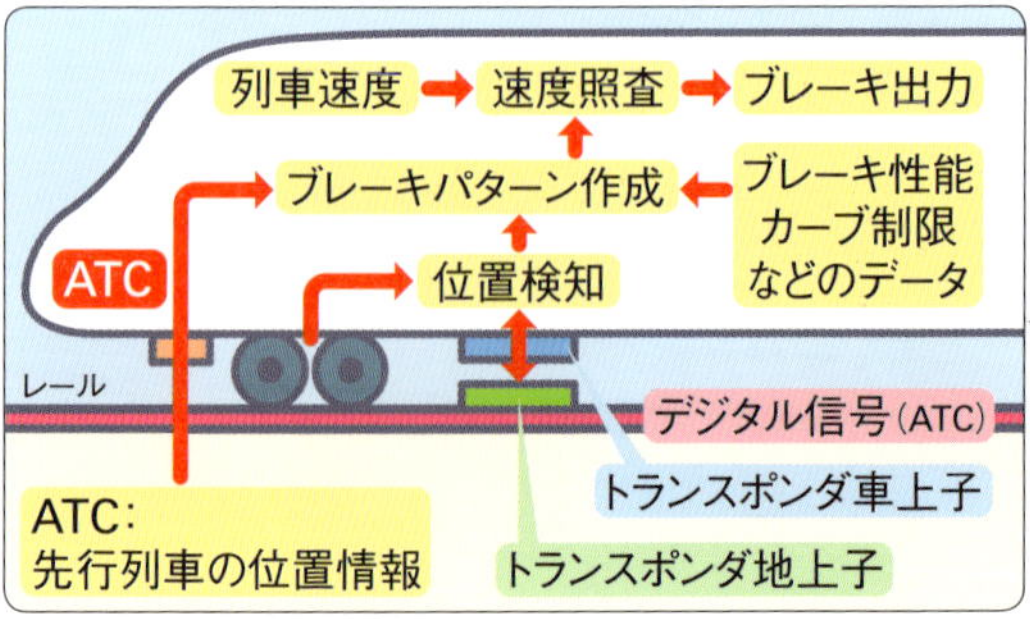

# Q65 ★★☆

新幹線の駅のホームの屋根《やね》から下がっている「入」の表示《ひょうじ》。「入」のランプが付《つ》いている場合《ばあい》は、なにを示《しめ》しているのでしょうか？

1. このホームは入線《にゅうせん》可能《かのう》である
2. このホームの架線《かせん》には電気《でんき》が流《なが》れている
3. このランプが見える方向《ほうこう》から入線せよ

## こたえ：②

この「入」を表示する機械《きかい》は「き電入切《でんいりきり》標《ひょう》」と呼《よ》ばれています。「入」のランプがついているときは架線に電気が流れている状態《じょうたい》です。逆《ぎゃく》に、「切」のランプがついているときは、架線に電気が流れていませんので、ここに列車《れっしゃ》は入《はい》れません。

そのほかにも駅にはいろいろな表示・標《ひょう》識《しき》があります。同じように屋根から下がっている標識を2つ、見つけました。

手前は「ト」、奥は「〇」。いったいなにを表しているのでしょう

A

# Q66 ★★☆

小田原《おだわら》駅のホームの屋根《やね》からぶら下《さ》がっている、×印《じるし》が点灯《てんとう》しているこの装置《そうち》は、いったいなにを示《しめ》しているのでしょう?

❶ 列車《れっしゃ》が故障中《こしょうちゅう》

❷ 通過待《つうかま》ちをしている

❸ 前方《ぜんぽう》に別《べつ》の列車がいる

こたえ：②

この装置《そうち》は「待避表示灯《たいひひょうじとう》」というもので、×印がついているときは、ホームに停車《ていしゃ》している列車が通過列車を待《ま》っていることを、その列車の車掌《しゃしょう》や駅員《えきいん》に伝えています。通過列車が通《とお》りすぎると消《き》えます。

豆知識

**待避**

後ろの列車が先に行くのを待つことを、鉄道では「待避」といいます。

A

# Q67 ★☆☆

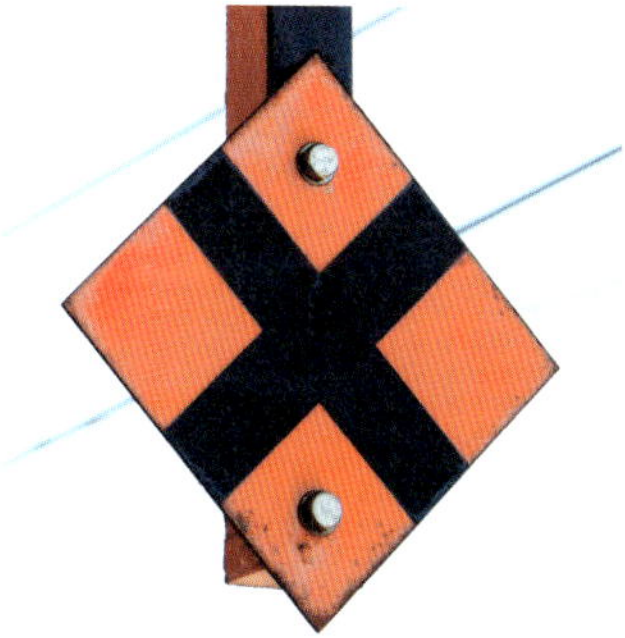

駅で見かけたこの標識《ひょうしき》。ホームの端《はし》っこの、下《くだ》りは新大阪寄《しんおおさかよ》り、上《のぼ》りは東京《とうきょう》寄りに、ぶら下がっていました。さて、これはなんでしょう？　選《せん》択肢《たくし》から選《えら》んでください。

1. 車両停止《しゃりょうていし》標識
2. 速度制限解除《そくどせいげんかいじょ》標識
3. 停止位置《いち》目標《もくひょう》

A

**こたえ：③**

オレンジ色《いろ》のひし形《がた》に×の標識は、「停止位置目標」と呼《よ》ばれるもの。新幹線の運転士《うんてんし》は、この標識に合わせて停車《ていしゃ》させます（168ページをあわせて読《よ》んでみてください）。駅にはこのほかにもいろんな標識があります。見《み》かけたら、これなんだろう？　と興味《きょうみ》をもってもらえたらうれしいです！

駅の標識のいろいろ、知れば新幹線がもっと身近になるかも！
上／停止位置目標のそばにあったこの表示機。いったいなんの数字だろう？
下／「停止位置目標」のむこうにも標識が。似ているけど、どうやら別の標識？

# Q68 ★☆☆

東京駅《とうきょうえき》で折《お》りかえし運転《うんてん》をする新幹線は、ホームに停《と》まっているほんの短《みじか》い時間《じかん》で、すみずみまで掃除《そうじ》をします。かなり大《おお》いそがしですが、ミスはゆるされません。そのため、**車内清掃《しゃないせいそう》チームは車内清掃ならではの「秘密《ひみつ》の道具《どうぐ》」を発明《はつめい》しました。**さてどんな道具か、3つのなかから選《えら》んでください。

❶ 新幹線用《よう》トイレ掃除ロボット

❷ ぬれている場所《ばしょ》を知《し》らせてくれるほうき

❸ 座席《ざせき》の下のゴミを見《み》つけるセンサー

A

## こたえ：②

正解は②。水分《すいぶん》を検知《けんち》するセンサーが付《つ》いたほうきです。座席がぬれていても見た目《め》ではわからないことが多《おお》いので、このほうきができる前《まえ》は、中腰《ちゅうごし》になってひとつひとつ手《て》でさわって、ぬれているところを確《たし》かめていました。毎日《まいにち》、何百席《なんびゃくせき》もさわっていると、指紋《しもん》がすり切《き》れてなくなってしまうこともあったそうです。

そこでメーカーといっしょに、ぬれが検知できるほうきを開発《かいはつ》しました。これなら、座席のほうきがけをしながらぬれているかどうかがわかります。ぬれている場合《ばあい》は座席を交換《こうかん》するなどの対応《たいおう》をしています。

# Q69 ★★☆

運転士《うんてんし》の大切《たいせつ》な仕事《しごと》のひとつに、列車《れっしゃ》をホームの決《き》められた位置《いち》にピタリと停《と》めること、があります。運転士はホームにある標識《ひょうしき》に合《あ》わせて列車を停めるのですが、その標識となにを合《あ》わせるのでしょうか？

❶ 車両《しゃりょう》の先頭《せんとう》

❷ 運転室《うんてんしつ》についているマーク

❸ 運転士さんの帽子《ぼうし》のツバの先《さき》

A

## こたえ：②

運転室の側面《そくめん》の窓《まど》の下《した》に、マークがついています。これとホームの停止位置目標《ていしいちもくひょう》が並《なら》ぶように列車を停止させます。

列車は、乗客《じょうきゃく》の人数《にんずう》などによって毎回《まいかい》重《おも》さが変《か》わり、しかも晴《は》れている日と雨《あめ》の日では、レールのすべりやすさなども変化《へんか》しますから、運転士はそういうことを頭《あたま》に入《い》れて運転操《そう》作《さ》を行い、正《ただ》しい停止位置に停めているわけです。

# Q70 ★☆☆

東京駅《とうきょうえき》の東海道新幹線ホームに立っていたら、「業務放送《ぎょうむほうそう》、とーきゅーばん準備《じゅんび》できましたので……」という放送が聞《き》こえてきました。**きっとなにかの暗号《あんごう》だと思《おも》う**のですが、どういう意味《いみ》なのでしょう？

❶「19番《ばん》ホームの準備ができました」という意味

❷「119番に通報済《つうほうずみ》、救急隊《きゅうきゅうたい》が到着《とうちゃく》しました」という意味

❸「東急線《とうきゅうせん》からの乗《の》りかえのお客《きゃく》さまが到着しました」という意味

## こたえ：❶

「とーきゅー」とは10《とう》と9《きゅう》、つまり19番線《ばんせん》のこと。業務放送では、このように間違《まちが》えなく数字《すうじ》を伝《つた》えるために、ほかの数字と間違えにくい言《い》い方《かた》をすることがあります。

このような「暗号」（仲間内《なかまうち》だけに通《つう》じる言葉《ことば》を「符丁《ふちょう》」などといいます）は鉄道以外《てつどういがい》にもありますが、鉄道だけで使《つか》われる独特《どくとく》の符丁のひとつに「電報略号《でんぽうりゃくごう》」があります。いろいろなやりとりに電報をつかっていたころのなごりで、駅名《えきめい》や鉄道関係《かんけい》の用語《ようご》を短《みじか》く略《りゃく》しています。

たとえば東京駅は「トウ」、名古屋《なごや》駅は「ナコ」、京都《きょうと》駅は「キト」などと決められているそうです。

**新幹線駅の電報略号**

| | |
|---|---|
| 東京 | トウ |
| 新横浜 | シヨ |
| 小田原 | オタ |
| 熱海 | アタ |
| 三島 | ミシ |
| 新富士 | シフ |
| 静岡 | シツ |
| 掛川 | カケ |
| 浜松 | ハツ |
| 豊橋 | トヨ |
| 三河安城 | ミワ |
| 名古屋 | ナコ |
| 岐阜羽島 | ハシ |
| 米原 | マイ |
| 京都 | キト |
| 新大阪 | シオ |

# Q71 ★☆☆

東海道新幹線の始発駅《しはつえき》となっている東京《とうきょう》駅は、新幹線にまつわるいろいろな記念物《きねんぶつ》があります。次《つぎ》の3つの写真《しゃしん》はなにで、どこにあるか、わかりますか？

❶

❷

❸

A

# こたえ

❶は「十河信二《そごうしんじ》元国鉄総裁《もとこくてつそうさい》のレリーフ」。十河は日本国有鉄道《にほんこくゆうてつどう》第《だい》4代総裁《だいそうさい》として、東海道新幹線の実現《じつげん》に尽力《じんりょく》しました。18・19番《ばん》ホームの1号車側《ごうしゃがわ》にあります。表《おもて》にはレリーフとともに自筆《じひつ》の「一花開天下春」(一花開《いっかひら》いて天下春《てんかはる》なり)の書《しょ》もあります。さて裏《うら》にはなにが書《か》かれているでしょう? 東京駅に行《い》ったときに、ぜひ確認《かくにん》してみてください。

❷は東海道新幹線の起点《きてん》を示《しめ》す「ゼロキロポスト」。16・17番ホームと18・19番ホームの8号車付近《ごうしゃふきん》に「新幹線起点」の星形《ほしがた》のオブジェがあり、両《りょう》ホームにはさまれた線路沿《せんろぞ》いに金属製《きんぞくせい》のゼロキロポストがおかれています。

❸は「新幹線記念碑《きねんひ》」。18・19番ホームの中ほどの階段《かいだん》をおりたところの壁《かべ》に埋《う》めこまれています。これは新幹線開業《かいぎょう》の3年後《ねんご》の1967(昭和42)年につくられたもので、文面《ぶんめん》は「この鉄道は日本国民《こくみん》の叡智《えいち》と努力《どりょく》によって完成《かんせい》された」。シンプルな文面《ぶんめん》に新幹線の建設《けんせつ》に協力《きょうりょく》した沿線住民《えんせんじゅうみん》や、国民《こくみん》への感謝《かんしゃ》のおもいがこめられています。また新幹線の英《えい》語表記《ごひょうき》が、現在《げんざい》の「Shinkansen」ではなく「NEW TOKAIDO LINE」になっています。

東海道新幹線なるほどコラム④

## 東京駅・折り返しの車内清掃

到着する新幹線をグリーティング

# 車内《しゃない》清掃《せいそう》、12分間《ふんかん》の大作戦《だいさくせん》

### 56人《にん》が息《いき》を合《あ》わせて

東京駅に到着《とうちゃく》した車両《しゃりょう》に、ピンクの制服《せいふく》・制帽《せいぼう》に身《み》を包《つつ》んだ人たちが乗《の》りこむのを見たことがあるでしょう。折《お》り返《かえ》し運転《うんてん》の新幹線で車内清掃をする「新幹線メンテナンス東海《とうかい》」の人たちで、列車《れっしゃ》が到着後、次《つぎ》の乗客《じょうきゃく》が乗車《じょうしゃ》するまで、降車時間《こうしゃじかん》を含《ふく》めて12分間という限《かぎ》られた時間内《ない》に1編成《へんせい》16両《りょう》のおそうじをしています。車内清掃に18年間取《ねんかんと》り組《く》んできたベテランの中《なか》島美津代《じまみつよ》さんに、仕事《しごと》の中味《なかみ》をくわしく教《おし》えてもらいました。

1編成につき車内班《しゃないはん》43人、下回《したまわ》り12人、まとめ役《やく》1人の計《けい》56人のチームで担当《たんとう》。車内班は1両につ

制服姿の中島さん

き2人で、①座席周辺《ざせきしゅうへん》に残《のこ》された飲《の》み物《もの》のビンや缶《かん》を回収《かいしゅう》、②全《ぜん》座席の向《む》きを進行方向《しんこうほうこう》にそろえる、③背《せ》もたれにかかっている白《しろ》い布《ぬの》を交換《こうかん》しながら、網《あみ》ポケットのなかのゴミの回収《かいしゅう》、④座席のチリ払《はら》いをしながら、ぬれていないかどうかを確認《かくにん》、これと同時進行《どうじしんこう》でひじかけ、窓枠《まどわく》テーブル、座席の背についている「バリアフリー取《と》っ手《て》」の清掃、⑤床《ゆか》の清掃を実施《じっし》。この間《あいだ》に、下回り担当の人はトイレへの給水《きゅうすい》や集《あつ》めたゴミの処理《しょり》などを行《おこな》います。

1編成に3両あるグリーン車は

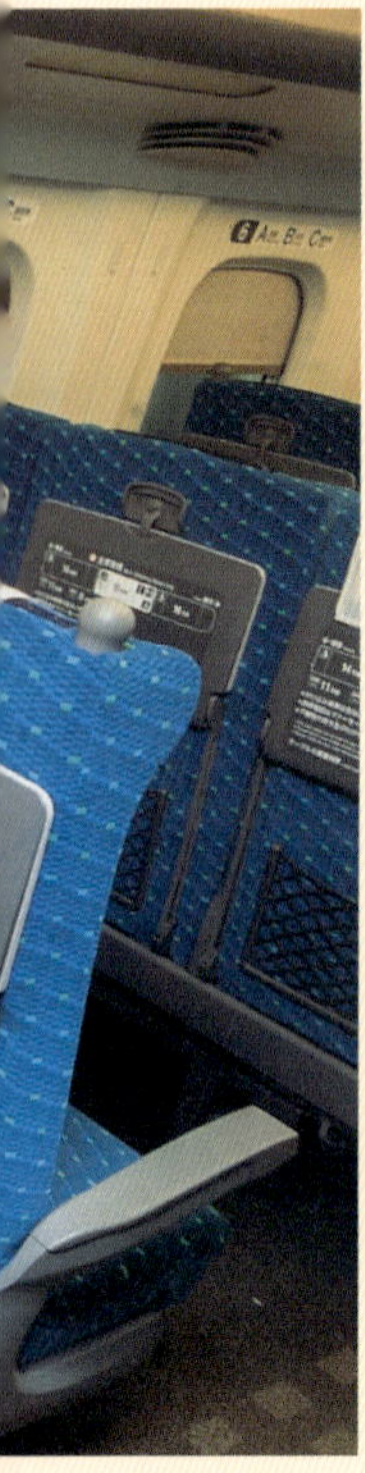

上／車内清掃のために考え抜かれた道具たちはまさに相棒　右／工夫がこらされたバッグ　左／ぬれ検知器つきのホウキで座席を掃く

備《そな》えつけの毛布《もうふ》の使用済《しようず》み分《ぶん》の回《かい》収《しゅう》と補充《ほじゅう》など、普通《ふつう》車よりも手《て》がかかります。このため、別《べつ》に2名のグリーン車担当がいて、車内清掃チームと協力《きょうりょく》して清掃を行っています。その他、1編成で8カ所《しょ》あるトイレは4人、N700系に4カ所ある喫煙《きつえん》ルームは4人の担当が、それぞれ清掃を行います。

新幹線は折り返し時《じ》の清掃だけでなく、1日1回車両基地《かいしゃりょうきち》で時間をかけて行う清掃や、窓ガラス、車体などをきれいにする定期的な「特別《とくべつ》清掃」、さらに交番検査《こうばんけんさ》に合《あ》わせて大規模《だいきぼ》な「大清掃」を

Column

行っています。

## 日々《ひび》挑戦《ちょうせん》と革新《かくしん》の連続《れんぞく》

この1組56人のチームが通常《つうじょう》は7組編成されていて、1組が1日に担当する列車本数《ほんすう》は15本前後。けれども列車本数が増《ふ》える繁忙期《はんぼうき》には、さらにチームを1組増やして8組にして、1組あたり18本くらい担当することも。1編成の清掃が終《お》わるころには、ホームの反《はん》対側《たいがわ》に次に清掃する列車が到着していて、移動《いどう》時間なしで次の清掃ということもしばしば。そのために清掃チームの人たちは、つねに工夫《くふう》をして行《い》き届《とど》いた清掃とスピードアップに挑戦しています。

その成果《せいか》のひとつが166ページで紹介した、水分《すいぶん》を検知《けんち》するセンサーが付いたほうき。以前《いぜん》はほうきで座席のチリを払い、手で触《さわ》ってぬれを確認していましたが、これを1本のほうきで清掃と同時にできるように改良《かいりょう》するなど、技術《ぎじゅつ》革新を進《すす》めています。「お客《きゃく》さまに快適《かいてき》な旅《たび》を楽《たの》しんでいただくために、毎日《まいにち》が挑戦です。大きなやりがいを感《かん》じます」。そう語《かた》る中島さんの笑顔《えがお》は輝《かがや》いていました。

# Part 5

# 新《しん》幹《かん》線《せん》を支《ささ》える人《ひと》と技《ぎ》術《じゅつ》

# Q72 ★☆☆

いつどこを走《はし》っているかわからないので**「出会《であ》うと幸《しあわ》せになる」**とまでいわれる「新幹線電気軌道総合試験車《でんききどうそうごうしけんしゃ》」、愛称《あいしょう》「ドクターイエロー」。さてドクターイエローは、どれくらいの周期《しゅうき》で電気設備《せつび》や軌道のデータを計測《けいそく》して回《まわ》っているのでしょう？

❶ 10日おきくらい

❷ 1カ月おきくらい

❸ 3カ月おきくらい

## こたえ：①

現在《げんざい》、東海道新幹線で使われているのは、923形《がた》と呼《よ》ばれる700系をベースにしたタイプです。ドクターイエローは高速《こうそく》で走りながら、電気設備や軌道などの状態《じょうたい》を計測しています。同《おな》じところをだいたい10日おきくらいに測《はか》ります。ドクターイエローのデータは各《かく》設備のメンテナンスの基礎《きそ》資料《しりょう》となる大《たい》切《せつ》なものですから、きちんと継続的《けいぞくてき》にデータをとり続《つづ》ける必要《ひつよう》があります。

運転席《うんてんせき》の下にある2つの前照灯《ぜんしょうとう》の下には、700系にはない四角《しかく》い窓《まど》があります。ここには前方監視《ぜんぽうかんし》カメラが入《はい》っています。

A

# Q73 ★★☆

ドクターイエローには、東京交番検査車両所《とうきょうこうばんけんさしゃりょうじょ》（ＪＲ東海《とうかい》）所属《しょぞく》のＴ４と、博多《はかた》総合車両所（ＪＲ西日本《にしにほん》）所属のＴ５の２編成《へんせい》があります。１８０ページで紹介《しょうかい》したように、どちらの編成も７００系をベースにしたものですが、じつは外《そと》から見たときに違《ちが》うところがあります。見分《みわ》けるポイントとして、正《ただ》しくないものをひとつ選《えら》んでください。

❶ 運転席《うんてんせき》のガラスに「Ｔ４」「Ｔ５」と書《か》いてある

❷ 屋根《やね》の上のパンタグラフと観測《かんそく》ドームの位置《いち》が逆《ぎゃく》になっている

❸ 車体側面《しゃたいそくめん》にあるＪＲのロゴの色《いろ》が違う

## こたえ：2

T4編成は、1号車《ごうしゃ》が電力《でんりょく》と信号《しんごう》・通信関係《つうしんかんけい》、2・6号車に測定用《そくていよう》パンタグラフ、3・5号車の屋根には観測ドームがあり、4号車は軌道《きどう》関係の測定車両《しゃりょう》になっています。これは、T5もほとんど同《おな》じです。

外観《がいかん》の違いですが、T5編成と呼《よ》ばれているほうの7号車の屋根にはでっぱりが2つ付《つ》いていますが、T4編成の屋根はつるっとしています。また運転席のガラスに書《か》かれた編成名や、車体側面のJRのロゴが、T4はオレンジでT5は青《あお》、などの違いがあります。今度《こんど》出会《であ》ったときは、どちらの編成か確《たし》かめてみてください。

こちらはT4編成のドクターイエロー

# Q74 ★★★

地震発生《じしんはっせい》！　そんな緊急時《きんきゅうじ》に1秒《びょう》でも早《はや》く、確実《かくじつ》、安全《あんぜん》に列車《れっしゃ》を止《と》めるために、東海道新幹線ではシステム全体《ぜんたい》でいろいろな取《と》り組《く》みをしています。次《つぎ》のなかで、すでに実際《じっさい》に行《おこな》われている取り組みはどれでしょう？（こたえはひとつとは限《かぎ》りません）

❶ 地震発生後《ご》すぐに架線《かせん》に送《おく》る電気《でんき》を止めてしまう

❷ 地震防災《ぼうさい》システムの通信回線《つうしんかいせん》に、衛星電話《えいせいでんわ》を使《つか》う

❸ 沿線《えんせん》だけでなくあちこちに広《ひろ》く地震計《けい》を設置《せっち》し、地震の情報《じょうほう》を集《あつ》める

❹ ブレーキディスクやブレーキパッドなどを改良《かいりょう》している

## こたえ：すべて正解《せいかい》です

❶架線に送られる電気が止まると、列車に自動的《じどうてき》に強《つよ》いブレーキがかかるしくみになっています。

❷すでに地震計の通信回線は二重《にじゅう》になっていますが、地震などの影響《えいきょう》を受《う》けにくい衛星電話も回線として使用《しよう》しています。さらに地震計の予備《よび》バッテリーを設置し、停電《ていでん》に備《そな》えています。

❸沿線には約《やく》10キロごとに50の沿線地震計を設置、さらに21の遠方《えんぽう》地震計で、震源《しんげん》が遠《とお》い巨大地震にもすばやく対応《たいおう》する「東海道新幹線早期《そうき》地震警報《けいほう》システム（通称《つうしょう》：テラス）」や、約1000カ所《しょ》の地震計をもつ気象庁《きしょうちょう》の緊急《きんきゅう》地震速報《そくほう》も活用《かつよう》しています。

❹このような機械式《きかいしき》ブレーキに関《かん》する技術開発《ぎじゅつかいはつ》も、つねに行《おこな》われています。N700Aでは700系と比《くら》べて、フルスピードからの制動距離《せいどうきょり》が2割短《わりみじか》くなりました。

# Q75 ★★★

たとえばクルマに乗《の》っていて、トンネルの中でスマートフォンなどの携《けい》帯《たい》電《でん》話《わ》が使《つか》えなかったという経《けい》験《けん》はありませんか？　でも、東海道新幹線は、**すべてのトンネル内《ない》で携帯電話が使えます。**なぜでしょう？

❶ 携帯電話の性《せい》能《のう》が上《あ》がったから

❷ 新幹線のなかに、携帯電話の中《ちゅう》継《けい》器《き》をおいたから

❸ トンネルの周《しゅう》辺《へん》や中にアンテナを立《た》てたから

## こたえ：3

A

いまでは信《しん》じられないかもしれませんが、かつては東海道新幹線もトンネルの中では携帯電話が通じませんでした。ほぼすべてのトンネルで通話《つうわ》ができるようになったのは2003（平成《へいせい》15）年《ねん》4月《がつ》からなのです。携帯電話での通信《つうしん》はつねに進化《しんか》を続《つづ》けていますが、しくみは次《つぎ》のとおりです。

❶**短《みじか》いトンネル** 入口《いりぐち》に携帯電話の基地局《きちきょく》とアンテナをつくり、そこからトンネル内にむけて電波《でんぱ》を発信《はっしん》する。

❷**長いトンネル** 入口に基地局、トンネル内に中継局《ちゅうけいきょく》、アンテナをつくり、電波を発信《はっしん》する。

これらの工事《こうじ》で、いまでは「圏外《けんがい》」表示《ひょうじ》が出《で》ることもほとんどなくなりました。もちろん、まわりのご迷惑《めいわく》にならないよう、携帯電話での通話は、デッキからお願《ねが》いします！

# Q76 ★★☆

東海道新幹線のレールをよく見《み》ると、2本《ほん》のレールの内側《うちがわ》にもう1組《くみ》、黒《くろ》くて細長《ほそなが》い鉄板《てっぱん》のようなものが置《お》かれています。さてこれはいったい、なんの役割《やくわり》をするものでしょうか？

❶ 地震《じしん》などで新幹線が脱線《だっせん》するのを防《ふせ》ぐ

❷ レールの曲《ま》がりやゆがみをおさえ、レールの交換頻度《こうかんひんど》を減《へ》らす

❸ レールに流《なが》れている電気信号《でんきしんごう》を中継《ちゅうけい》する

## こたえ：①

これは、「脱線防止《ぼうし》ガード」と呼《よ》ばれる装置《そうち》です。この脱線防止ガードをレールの内側に設置《せっち》することで、脱線防止ガードとレールで車輪《しゃりん》をはさみこみ、地震時《じしんじ》の脱線そのものを極力《きょくりょく》防止します。脱線防止ガードは2013（平成《へいせい》25）年《ねん》3月《がつ》までに、高速《こうそく》で通過《つうか》する分岐器《ぶんきき》の手前《てまえ》を中心《ちゅうしん》に、軌道延長《きどうえんちょう》140キロにわたり設置されました。さらなる安全性《あんぜんせい》の向上《こうじょう》のため、東海地震《とうかいじしん》の際《さい》、強《つよ》く長《なが》い地震動《じしんどう》が想定《そうてい》される地区《ちく》の全区間《ぜんくかん》や、そのほかの地区の高速で通過するトンネルの手前などを中心に、脱線防止ガードの設置を進《すす》めています。

また、新幹線の台車《だいしゃ》の中央部《ちゅうおうぶ》には、万《まん》が一《いち》、脱線してしまった場合《ばあい》に車両《しゃりょう》がレールから大きく外《はず》れてしまうことを防ぐストッパも付《つ》いています（「逸脱《いつだつ》防止ストッパ」といいます）。

# Q77 ★☆☆

レールは、つぎ目《め》がないほうが静《しず》かで乗《の》り心地《ごこち》がいいことは想像《そうぞう》できますよね。新幹線もつぎ目をなるべく減《へ》らそうと、1本《ぽん》の長《なが》さが150メートルもあるレールを運《はこ》びこみ、さらに現地《げんち》で溶接《ようせつ》によりつなぎあわせることで、つぎ目を減らしています。さて、150メートルもあるレールを、どうやって線路《せんろ》に運びこむのでしょう?

❶ 長いレール専用《せんよう》の輸送車《ゆそうしゃ》で、線路をつかって運ぶ

❷ 道路《どうろ》と線路が並《なら》んで走《はし》っている場所《ばしょ》で、クレーンを使《つか》ってトラックから運びこむ

❸ 線路の脇《わき》に専用のベルトコンベアーを設置《せっち》して運ぶ

## こたえ：❶

長さ150メートルのレールを一度《いちど》に32本運ぶことができる、「ロングレール輸送車」と呼《よ》ばれる専用車で運びます。

ロングレール輸送車は、まず静岡県浜松市《しずおかけんはままつし》にあるレールセンターで新品《しんぴん》のレールを積《つ》みこみます。そして、レールを交換現場《こうかんげんば》まで運び、帰《かえ》りは古《ふる》くなったレールを積みこんで、レールセンターに戻《もど》ります。作業《さぎょう》がしやすいように、輸送車の前後《ぜんご》からレールの積《つ》み降《お》ろしができるように工夫《くふう》されているのも特長《とくちょう》のひとつです。

A

# Q78 ★★★

これは「リニア・鉄道館《てつどうかん》」にある実験《じっけん》装置《そうち》で、鉄道がどうやってカーブを曲《ま》がるのかを理解《りかい》するためのものです。この実験の説明《せつめい》として、正《ただ》しくないのはどれでしょう？

❶ カーブを曲がるためには、車輪《しゃりん》の断面《だんめん》が斜《なな》めになっていることが重要《じゅうよう》である

❷ 左右《さゆう》の車輪の回転数《かいてんすう》を変《か》えることで、カーブを曲がることができる

❸ 鉄道はカーブを曲がるときに、遠心力《えんしんりょく》を利用《りよう》している

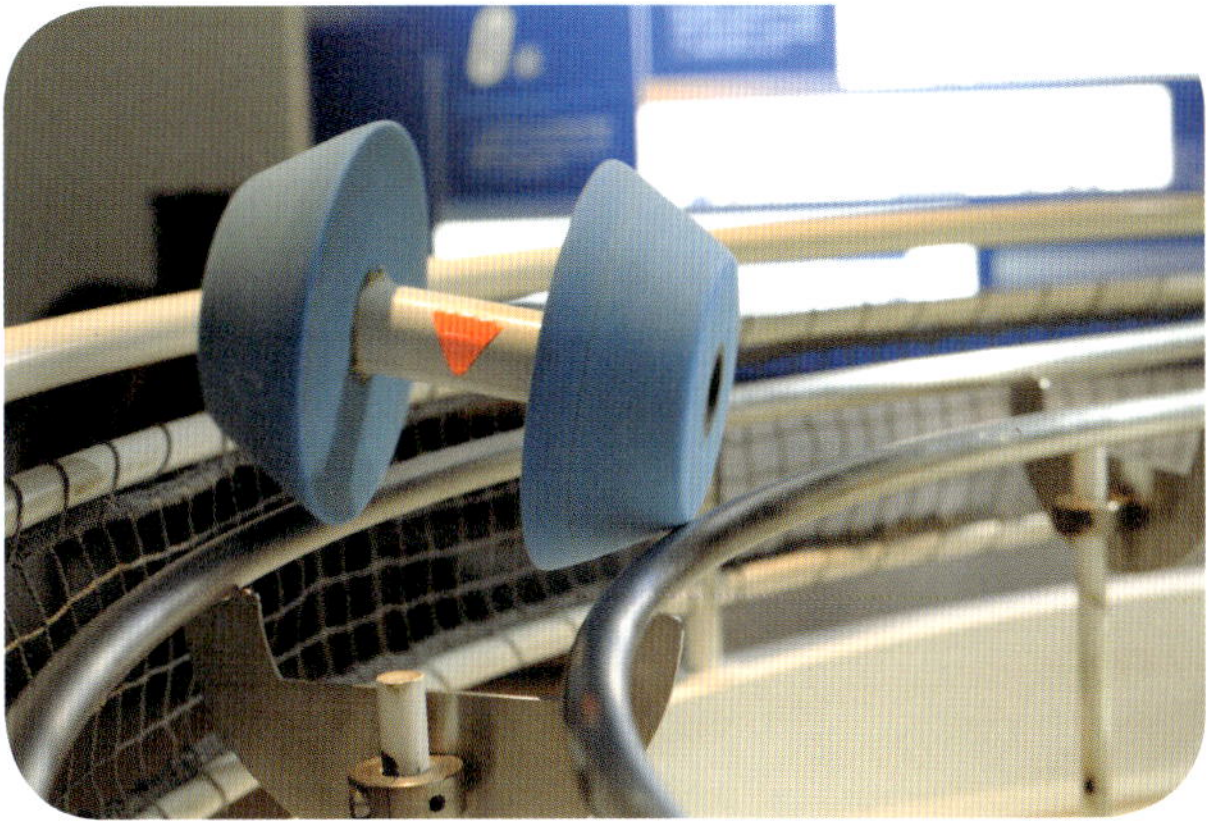

## こたえ：②

重《おも》くて大きな車両《しゃりょう》を高速《こうそく》で安定《あんてい》して走《はし》らせるために、鉄道では車輪を車軸《しゃじく》にがっちりと固定《こてい》します。しかし、曲線区間《きょくせんくかん》では左《ひだり》と右《みぎ》のレールの長《なが》さが違《ちが》うので（内側《うちがわ》のほうが短《みじか》い）、左右の車輪の回転数が同《おな》じだと車輪がスリップするか、最悪《さいあく》だと脱線《だっせん》してしまいます。

それを防《ふせ》ぐために鉄道の車輪は、レールと接《せっ》する「踏面《とうめん》」と呼《よ》ばれる部分《ぶぶん》が、外側《そとがわ》に向《む》かって半径《はんけい》が小《ちい》さくなるように斜《なな》めになっています。191ページの写真《しゃしん》を見《み》るとわかるように、カーブを曲がるとき車輪は遠心力で外《そと》にふくらみながら、距離《きょり》が短い内側のレールを面の半径が小さい部分が、外側のレールを半径が大きい部分が通ります。これにより、左右が同じ回転数でも、カーブを通過《つうか》できるのです。実際《じっさい》の車両にはさらに車輪の内側に、脱輪《だつりん》を防ぐための「フランジ」というでっぱりがついています。

新幹線の車輪は、普通《ふつう》の鉄道にくらべてきついカーブがないので、面の傾斜《けいしゃ》がゆるやかになっています。

# Q79 ★★☆

新幹線が営業運転《えいぎょううんてん》を終《お》えた夜間《やかん》の時間帯《じかんたい》に、線路《せんろ》ではなにが行《おこな》われているでしょうか？（こたえはひとつとは限《かぎ》りません）

❶ 老朽化《ろうきゅうか》した設備《せつび》を更新《こうしん》する工事《こうじ》

❷ バラスト（砕《くだ》いた石《いし》）の更換《こうかん》（とりかえ）

❸ 異常時《いじょうじ》を想定《そうてい》した訓練《くんれん》

❹ 脱線防止《だっせんぼうし》ガードの設置《せっち》工事

A

## こたえ：すべて正解《せいかい》です！

東海道新幹線では、営業運転の終了《しゅうりょう》から翌日《よくじつ》の営業開始《かいし》までの間《あいだ》、線路の保守作業《ほしゅさぎょう》などを行っています。

線路やそのほかの設備《せつび》の検査《けんさ》や修繕《しゅうぜん》などのなかには、新幹線が走行《そうこう》している時間帯にはできない作業があります。夜間時間帯では、東海道新幹線の全線《ぜんせん》で、平均《へいきん》して4600人くらいの作業員《さぎょういん》がレールの調整《ちょうせい》や架線《かせん》の交換《こうかん》などの保守作業にあたっています。

作業が終了すると、作業区間《くかん》を7人《にん》1組《くみ》の作業員が線路上に横一列《よこいちれつ》に並《なら》び、ライトで足《あし》元《もと》を照《て》らしながら、なにか落《お》ちているものがないかを念入《ねんい》りに探《さが》していきます。この7人組の作業員は、現場《げんば》では「七人の侍《さむらい》」と呼ばれているそうです。

また、営業運転が終了したのちには、実際《じっさい》に列車《れっしゃ》を走行させてさまざまな異常時を想定した訓練も定期的《ていきてき》に実施《じっし》しています。

このように、夜間時間帯でも、多《おお》くの人が安全《あんぜん》を守《まも》るために仕事《しごと》をしています。

# Q80 ★★☆

東海道新幹線は、新型車両《しんがたしゃりょう》に置《お》きかわることで性能《せいのう》を格段《かくだん》に向上《こうじょう》させてきました。トンネルや橋《はし》などの構造物《こうぞうぶつ》も、性能を保《たも》つためにさまざまな取《と》り組《く》みがなされています。実際《じっさい》に行《おこな》われている取り組みはどれでしょう?

❶ 今《いま》の線路《せんろ》の横《よこ》に新《あたら》しくトンネルを掘《ほ》りなおす

❷ 新幹線を大幅《おおはば》に運休《うんきゅう》して、一度《いちど》に多《おお》くの橋の部材《ぶざい》を取りかえる

❸ 橋に補強《ほきょう》部材を追加《ついか》するなどして、きずや劣化《れっか》などを未然《みぜん》に防止《ぼうし》する工事《こうじ》を行う

## こたえ：③

A

トンネル、橋などの土木《どぼく》構造物は、日々《ひび》の入念《にゅうねん》な検査《けんさ》・補修《ほしゅう》・補強《ほきょう》により、健全性《けんぜんせい》を維《い》持《じ》してきました。いっぽう、将来《しょうらい》のいずれかの時点《じてん》において、経年劣化《けいねんれっか》による大幅《おおはば》な設備《せつび》の更新《こうしん》が必要《ひつよう》になることに備《そな》え、2013（平成《へいせい》25）年から大規模改修工事《だいきぼかいしゅうこうじ》に着手《ちゃくしゅ》しました。この大規模改修は、構造物にきずや劣化などが発生《はっせい》するのを未然に防《ふせ》ぐ「予防保全《よぼうほぜん》」という考《かんが》え方《かた》で行《おこな》われています。

鋼製《こうせい》の橋に補強部材を追加《ついか》する、コンクリート橋を鋼板《こうばん》で覆《おお》うなどの新《あら》たな技術《ぎじゅつ》は、愛《あい》知県小牧市《ちけんこまきし》にあるJR東海《とうかい》の研究施設《けんきゅうしせつ》（小牧研究施設）で開発《かいはつ》されました。この施設では、古《ふる》くなった土木構造物を安全《あんぜん》な状態《じょうたい》に維持管理《かんり》するために、いろいろな研究が続《つづ》けられています（この研究施設については、43ページのコラムにも説明《せつめい》があります）。

# Q81 ★★☆

鉄道《てつどう》には運賃《うんちん》を計算《けいさん》するときの基準《きじゅん》になる「営業《えいぎょう》キロ」というものがあります。たとえば時刻表《じこくひょう》を見《み》てみると、在来線《ざいらいせん》の東京《とうきょう》～新大阪間《しんおおさかかん》の営業キロ数は552・6キロメートルです。では、東海道新幹線の同《おな》じ区間《くかん》の営業キロ数は何キロでしょう？

豆知識

**運賃と料金**

「運賃」というのは乗車券代、つまり列車での移動のために必要なお金です。そのほかの特急券代や指定券代のことは「料金」と呼んで区別しています。

**こたえ：552・6キロ**

在来線と同じ552・6キロです。営業キロ数は、各事業者《かくじぎょうしゃ》が旅客営業規則《りょかくえいぎょうきそく》などでその数値《すうち》を定《さだ》めています。たとえば東海道新幹線のルートと在来線のルートは異《こと》なりますが、JR東海《とうかい》の旅客営業規則では新幹線と在来線が平行《へいこう》している区間では同じ線として計算するという決《き》まりがあるので、このようなことになるのです。

実際《じっさい》には駅が離《はな》れていても、営業キロをそろえている場合《ばあい》があります。たとえば東海道新幹線の東京〜新横浜間《しんよこはまかん》の営業キロは、在来線の東海道本線《とうかいどうほんせん》の東京〜横浜間と同じ28・8キロです。また品川《しながわ》〜小田原《おだわら》間、三島《みしま》〜静岡《しずおか》間、名古屋《なごや》〜米原《まいばら》間では、区間内《ない》の各駅（両《りょう》端《たん》の駅をのぞく）を発駅《はつえき》または着駅《ちゃくえき》・接続駅《せつぞくえき》とする場合は、別《べつ》の線と考《かんが》えて計算する、という決まりもあります。

A

# Q82 ★★☆

資源《しげん》を有効《ゆうこう》に活用《かつよう》するのも、環境《かんきょう》のためには大切《たいせつ》なことです。新幹線の車両《しゃりょう》は古《ふる》くなって、営業運転《えいぎょううんてん》に適《てき》さなくなると廃車《はいしゃ》にしますが、そのとき、**車両のさまざまな部分《ぶぶん》をリサイクルしています。**では、どれくらいの割合《わりあい》でリサイクルされているでしょうか？　次《つぎ》の3つのなかから選《えら》んでください。

❶ 70％

❷ 80％

❸ 90％

A

## こたえ：③

廃車で発生《はっせい》する廃棄物《はいきぶつ》の90%（重量比《じゅうりょうひ》）をリサイクルしています。構造材《こうぞうざい》はもちろん、たとえば座席《ざせき》のクッションは、N700Aでは100%リサイクル可能《かのう》なポリエステルを使《つか》っています。台車《だいしゃ》カバーもFRP（繊維強化《せんいきょうか》プラスチック）から、リサイクルができるステンレスにかえました。

材料《ざいりょう》のリサイクルだけでなく、回生《かいせい》ブレーキというしくみを使《つか》って、電力《でんりょく》を回収《かいしゅう》しながらブレーキをかける方法《ほうほう》で〝電力のリサイクル〟もしています。

N700Aのステンレス製台車カバー

豆知識

**回生ブレーキ**

モーターは、ふつう電力を受け取って動力を生み出しますが、この電力→動力の流れを逆転させて、モーターに動力を与えて発電させることで、動力（運動エネルギー）を電力に変えながらブレーキをかけるのが回生ブレーキです。

# Q83 ★★☆

東海道新幹線のすべての運行《うんこう》は、東京《とうきょう》にある「新幹線総合指令所《そうごうしれいしょ》」で集中的《しゅうちゅうてき》に管理《かんり》しています。では万《まん》が一《いち》、災害《さいがい》などで指令所が使《つか》えなくなった場合《ばあい》は、どのようにコントロールするのでしょうか？

① 名古屋《なごや》のＪＲ東海本社《とうかいほんしゃ》でコントロールする

② 新幹線の各駅《かくえき》で分散制御《ぶんさんせいぎょ》する

③ 大阪《おおさか》にあるバックアップの指令所でコントロールする

東京の新幹線総合指令所

大阪の新幹線第2総合指令所

# A こたえ：③

大阪にある「新幹線第2総合指令所」に運行管理を切《き》り替《か》え、正常《せいじょう》な運行を続《つづ》けられるようにしています。この施設《しせつ》は、1999（平成11）年に指令系統《けいとう》の二重化《にじゅうか》を目的《もくてき》に、JR西日本と共同《きょうどう》で開設《かいせつ》されました。

いざというときのため、第2総合指令所の各装置《かくそうち》はつねに電源《でんげん》が入った状態《じょうたい》で待機《たいき》しています。通常《つうじょう》は指令で働《はたら》く人たちの教《きょう》育訓練《いくくんれん》や、設備《せつび》を改良《かいりょう》したときの動作確認《どうさかくにん》などに活用《かつよう》されています。

# Q84★★★

新幹線にはATC（158ページにくわしい説明《せつめい》があります）が導入《どうにゅう》されていて、運転《うんてん》の自動化《じどうか》が進《すす》んでいるように見えます。運転士《うんてんし》の仕事《しごと》は、安全《あんぜん》に運転することがいちばん大事《だいじ》ですが、それだけではありません。運転士が行《おこな》っているおもな仕事《しごと》のうち、正《ただ》しいものを選《えら》んでください（こたえはひとつとは限《かぎ》りません）。

❶ 駅で新幹線を停止位置《ていしいち》にピタリと停《と》める

❷ 決《き》められた時間《じかん》に駅に到着《とうちゃく》するよう、駅までの距離《きょり》と時間《じかん》から速度《そくど》を割《わ》りだしながら（もちろん暗算《あんざん》で）走《はし》る

❸ 運転中に故障《こしょう》が発生《はっせい》したら、マニュアルに従《したが》い、運転しながら故障したところを修理《しゅうり》することもある

A

## こたえ：すべて正解《せいかい》です。

ATCのおもな役割《やくわり》は、指定《してい》する速度《そくど》を超《こ》えたときに自動的《じどうてき》にブレーキをかけること。動力《どうりょく》を車輪《しゃりん》に伝《つた》えて加速《かそく》する「力行《りっこう》」（自動車《じどうしゃ》でいうアクセルを踏《ふ》む行為《こうい》）は、運転士の役割《やくわり》です。

運転士は、決められた時間で駅と駅の間《あいだ》を走るために、つねに頭《あたま》の中《なか》で計算《けいさん》をくりかえしながら適切《てきせつ》なスピードで走るよう調整《ちょうせい》しています。また時速《じそく》30キロ以下《いか》では、運転士が手動《しゅどう》で運転します。出発時《しゅっぱつじ》の加速《かそく》、停止時の正《ただ》しい停止位置への誘導《ゆうどう》などは、運転士が行っています。

また車両《しゃりょう》には乗務員《じょうむいん》に不具合《ふぐあい》を知《し》らせてくれる機能《きのう》があり、故障《こしょう》の内容《ないよう》にもよりますが、軽微《けいび》なものであれば運転しながら対処《たいしょ》や修理を行うこともあります。運転士はそのための訓練《くんれん》を受《う》けています。

# Q85 ★★★

街《まち》のなかの思《おも》いがけない場所《ばしょ》で、とつぜん新幹線が見《み》えるとうれしいものですよね。そんな新幹線好《ず》きなあなたのために、東海道新幹線をゆっくりと間近《まぢか》で見られる場所を探《さが》してきました。いくつかあるおすすめスポットのなかでも、研究会《けんきゅうかい》イチオシがここ。さてどこでしょう？

ヒント

新横浜駅と小田原駅の間にあります。ほかの地域のおすすめも、つぎのページでご紹介します！

## こたえ：横浜市旭区《よこはましあさひく》の「二俣川二丁目公園《ふたまたがわにちょうめこうえん》」

二俣川二丁目公園は、相鉄線《そうてつせん》の二俣川駅から歩《ある》いて5分くらい。「万騎《まき》が原《はら》こども自然園《しぜんえん》」に向《む》かう道《みち》の途中《とちゅう》から少《すこ》し入ったところにある、小さな公園《こうえん》です。金網越《かなあみご》しに、新幹線の雄姿《ゆうし》がど迫力《はくりょく》で楽《たの》しめます。木陰《こかげ》もあるので夏《なつ》でも大丈夫《だいじょうぶ》。ブランコに座《すわ》ったままN700Aを楽しめるのは、日本《にほん》でもここだけではないでしょうか？　そのほかの研究会おすすめスポットは、下《した》の表《ひょう》をご覧《らん》ください。

皆《みな》さんがおすすめの「新幹線がゆっくり見られる場所」があったら、ぜひ教《おし》えてくださいね！

| 場所 | 名前 | 特長 | アクセス |
|---|---|---|---|
| 東京地区 | 東京交通会館 | 屋上のテラスから、目線とほぼ同じ高さを走る新幹線が見える。ベンチもある | 山手線有楽町駅からすぐ |
| 東海地区 | パノラマストリート | 名鉄病院に用事がある方はぜひ。病棟をつなぐガラス張りの通路から、新幹線がばっちり見える | 名鉄線栄生駅からすぐ |
| 関西地区 | 東福寺駅そばの跨線橋 | 京都の人気鉄道撮影スポット。新幹線のほか、サンダーバードなどの特急が見られる | 奈良線東福寺駅から徒歩 |

A

# Q86 ★★☆

東京駅《とうきょうえき》から博多駅《はかたえき》まで走《はし》る「のぞみ」は、多《おお》い時間帯《じかんたい》で1時間に4本ありますが、臨時列車《りんじれっしゃ》などが増発《ぞうはつ》される繁忙期《はんぼうき》には、**ひとりの運転士《うんてんし》が全《ぜん》区間《くかん》を運転することもある**と聞《き》きました。これは、ほんとうですか？

A

**こたえ：違《ちが》います。途中で必《かなら》ず交替《こうたい》します。**

新大阪《しんおおさか》からは山陽新幹線区間《さんようしんかんせんくかん》になるため、「のぞみ」の運転士は、新大阪駅で必《かなら》ずJR西日本《にしにほん》の運転士と交替《こうたい》します。新大阪行きの「ひかり」「こだま」などは、名古屋《なごや》駅で交替することもあります。

現在、東海道新幹線の運転士は1編成《へんせい》にひとりですが、開業当初《かいぎょうとうしょ》は運転士2人体制《たいせい》でした。東京と新大阪のちょうど中間《ちゅうかん》あたりで、かつ突発事態《とっぱつじたい》がおきにくい川《かわ》の上、具体《ぐたい》的《てき》には静岡県《しずおかけん》の天竜川鉄橋《てんりゅうがわてっきょう》の上《うえ》で新幹線を走《はし》らせたまま運転士を交替していたという、今《いま》となっては考《かんが》えられないうそみたいな話《はなし》もあります。

# Q87 ★★☆

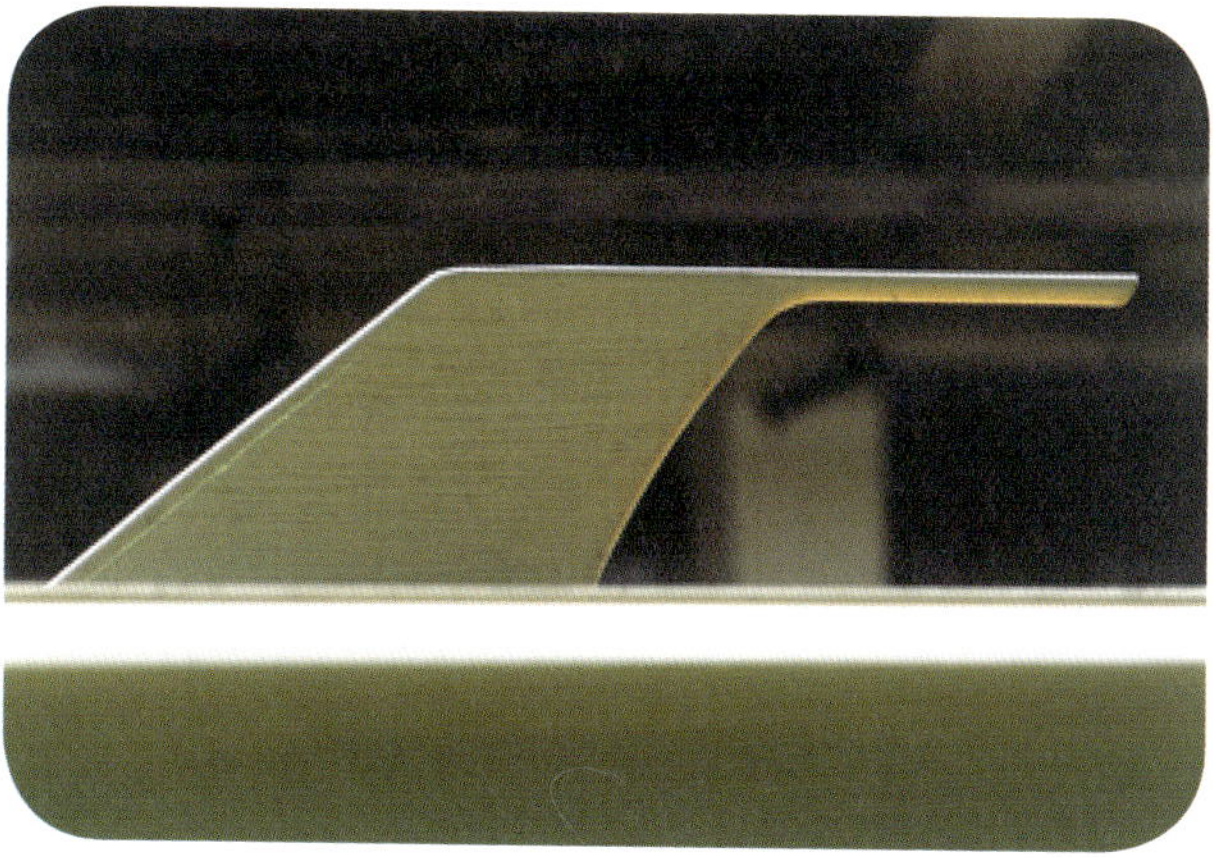

このパーツ、どの新幹線にもついていますが、**なかなかかっこいい。**写真《しゃしん》はドクターイエローのものですが、いったいなんなのでしょう?

① 架線《かせん》の状況《じょうきょう》をしらべるためのアンテナ

② 車内《しゃない》サービスのラジオ（NHK第一《だいいち》）を受信《じゅしん》するためのアンテナ

③ 避雷針《ひらいしん》

④ 新幹線と指令《しれい》とを結《むす》ぶ各種《かくしゅ》無線《むせん》のためのアンテナ

## こたえ：①

これは静電《せいでん》アンテナといって、架線に流《なが》れている電気《でんき》の電圧《でんあつ》を測《はか》るためのアンテナです（検電《けんでん》アンテナともいいます）。新幹線の架線には交流《こうりゅう》2万5000ボルトが流《なが》れています（ちなみに在来線《ざいらいせん》は直流《ちょくりゅう》1500ボルトと交流2万ボルトの地域があります）。静電アンテナは「静電誘導《ゆうどう》」という物理現象《ぶつりげんしょう》を利用《りよう》して、架線に正《ただ》しく電気が流れているかどうかをチェックしています。

新幹線の静電アンテナは0系以来《いらい》、歴代《れきだい》の車両《しゃりょう》にかならずついていますが、0系から300系までは先頭車《せんとうしゃ》の運転席《うんてんせき》の上あたりにあって、たいへん目立《めだ》っていました。ドクターイエローの静電アンテナは、700系と同《おな》じように先頭車両の後《うし》ろのほうにあります。

豆知識

**架線**

正しくは「かせん」ですが、鉄道関係では「がせん」とよぶこともあります。

A

# Q88 ★☆☆

新幹線は、パンタグラフの上についている「スリ板《いた》」とよばれる金属板《きんぞくばん》が架線《かせん》（正式《せいしき》にはトロリ線《せん》といいます）に触《ふ》れることで、電気《でんき》を得《え》ています。新幹線のスリ板とトロリ線とは高速《こうそく》でこすれあい、どちらもすり減《へ》っていきますが、トロリ線が切《き》れてしまうと大変《たいへん》なので、摩擦《まさつ》に耐《た》える強《つよ》さと太《ふと》さが必要《ひつよう》です。では、写真《しゃしん》のトロリ線の下のほうに埋《う》めこまれている細《ほそ》い線はなんでしょう？

1. 途中《とちゅう》で切れないようにするための補強《ほきょう》の鋼鉄線《こうてつせん》
2. トロリ線がすり減って中の線が表に出ると警報《けいほう》が出《で》る検知線《けんちせん》
3. 給電《きゅうでん》と通信《つうしん》が一度《いちど》にできるようになっている二重線《にじゅうせん》

## こたえ：②

トロリ線の新品《しんぴん》は直径《ちょっけい》が約《やく》15・5ミリで、ここに交流《こうりゅう》2万《まん》5000ボルトの電圧《でんあつ》がかかっています。トロリ線はおもに銅《どう》でできていて、長《なが》さは1本《ぽん》1500メートルほど。パンタグラフが通過《つうか》すると下からすり減《へ》り、決《き》められた限《げん》度《ど》に近づくと交換《こうかん》の時期《じき》です。写真のトロリ線は中に別《べつ》の細い線が入っていて、銅がすり減ってその線がパンタグラフと触《ふ》れあうと警報《けいほう》を出す、という「警報トロリ線」です。

ドクターイエローや人《ひと》の目《め》も、つねにトロリ線の状態《じょうたい》を見守《みまも》っています。最近はパンタグラフの数《かず》が減った（80ページに説明《せつめい》があります）おかげで、トロリ線の寿《じゅ》命《みょう》ものびました。

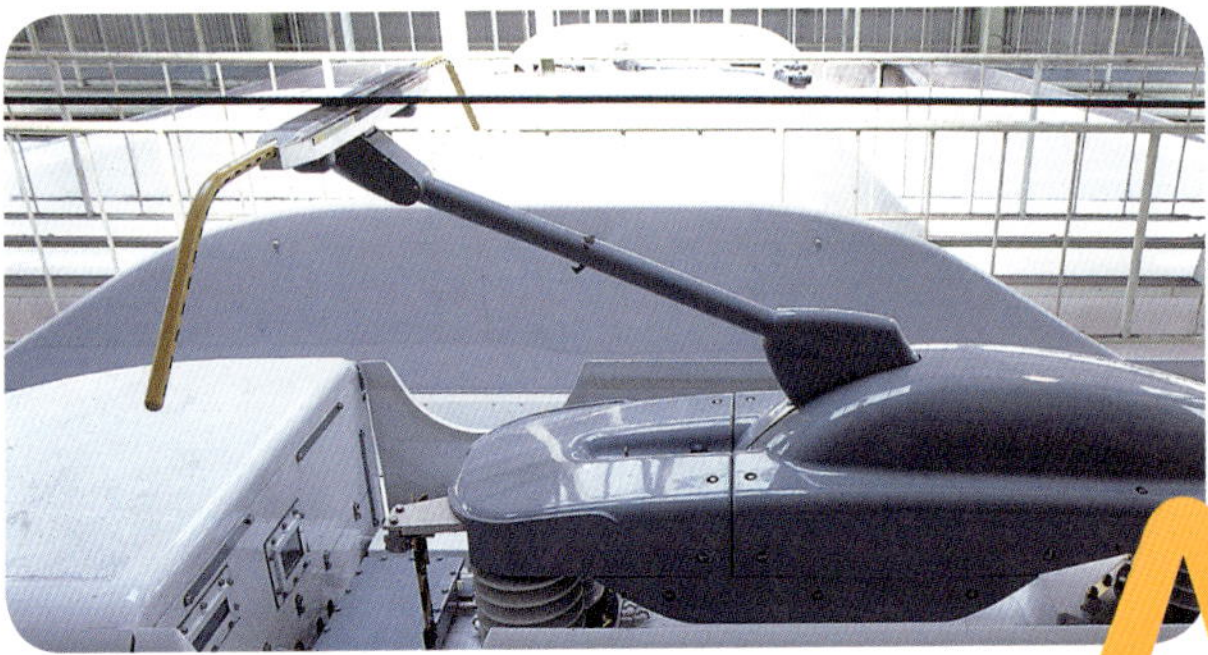

A

# Q89 ★★☆

地震《じしん》がおきたときに新幹線をいちはやく安全《あんぜん》に停《と》めるため、東海道新幹線は沿線《えんせん》だけでなく遠方《えんぽう》にも地震計《じしんけい》を置《お》き、地震を検知《けんち》しています。さて、この大切《たいせつ》な地震計には、人《ひと》のからだの機能《きのう》を補《おぎな》うために身《み》に付《つ》ける、ある「機器《きき》」の技術《ぎじゅつ》が活《い》かされているそうですが、その機器とはなんでしょう？

① 人工心臓《じんこうしんぞう》

② 義手《ぎしゅ》

③ 補聴器《ほちょうき》

線路から遠方にある地震検知点

A

## こたえ：3

補聴器では、空気《くうき》の小さな振動《しんどう》（＝音《おと》）をとらえ、電圧《でんあつ》にかえる技術が、重要《じゅうよう》な役割《やくわり》を果《は》たしています。その「小さな振動をとらえる技術」が、地震の大きなゆれの波《なみ》（S波《は》といいます）の前《まえ》に伝《つた》わってくる、初期微動《しょきびどう》と呼《よ》ばれる弱《よわ》い波（P波）をいち早《はや》くとらえる技術に活かされています。

現在使《げんざいつか》われている地震計のセンサーは、震度《しんど》2の1000分《ぶん》の1のゆれまでキャッチできるそうです。

# Q90 ★★★

ATC（自動列車制御装置《じどうれっしゃせいぎょそうち》）やCOMTRAC《コムトラック》（新幹線運転管理《しんかんせんうんてんかんり》システム）など、この本《ほん》のなかにも新幹線に関《かん》するアルファベットの略称《りゃくしょう》がいくつかでてきましたが、じつはまだまだたくさんあります。次《つぎ》のうち、ほんとうはないアルファベットの略称はどれでしょう？

1. CTC（シーティーシー）
2. EDM（イーディーエム）
3. PIC（ピック）
4. SMIS（スミス）

## こたえ：②

①は列車集中《れっしゃしゅうちゅう》制御装置 (Centralized Traffic Control)。すべての列車の位置《いち》や番号《ばんごう》、進路《しんろ》の開通状態《かいつうじょうたい》などを集中して管理《かんり》し、総合表示盤《そうごうひょうじばん》によりひと目《め》で確認《かくにん》できるようにしたシステムです。高速《こうそく》・安全《あんぜん》・効率的《こうりつてき》な列車の運行《うんこう》に必要不可欠《ひつようふかけつ》です。

③は旅客《りょかく》案内《あんない》情報《じょうほう》処理《しょり》装置 (Passenger Information Control)。列車の行《い》き先《さき》や停車《ていしゃ》駅、遅《おく》れなどの情報を、駅などで案内表示するためのシステムです。駅で乗《の》り降《お》りするお客《きゃく》さまに正《ただ》しい情報をすばやく伝《つた》えます。またこのシステムによる自動案内放送《ほうそう》も行《おこな》います。

④は新幹線情報管理システム (Shinkansen Management Information System)。車両《しゃりょう》設《せつ》備《び》、電気《でんき》設備などの管理、そのほか運営上《うんえいじょう》必要な業務《ぎょうむ》をひとつに統合《とうごう》したシステムです。「ドクターイエロー」の検測《けんそく》データもここに送《おく》られ、万全《ばんぜん》な保守計画《ほしゅけいかく》の実行《じっこう》に役立《やくだ》てられます。

A

# Q91 ★★☆

保守作業《ほしゅさぎょう》の終了後《しゅうりょうご》には「七人《しちにん》の侍《さむらい》」が作業した区間《くかん》の線路《せんろ》を歩《ある》く、という話《はなし》を194ページでしましたが、じつは保守作業後の確認《かくにん》作業はこれで終《お》わりではありません。東海道新幹線の始発列車《しはつれっしゃ》が走《はし》る前《まえ》にかならず行《おこな》う作業は、次《つぎ》のうちどれでしょう？

❶ 回送《かいそう》列車を低速《ていそく》で走らせながら、線路のようすを見回《みまわ》る

❷ 専用《せんよう》の車両《しゃりょう》を全線《ぜんせん》に走《はし》らせ、運行《うんこう》の支障《ししょう》になるようなものがないか確認する

❸ 沿線各地《えんせんかくち》の保守基地《きち》で待機《たいき》していた保安要員《ほあんよういん》がいっせいに線路に入り、全線を歩いて最終《さいしゅう》確認する

A

**こたえ：②**

始発列車が走る前に、かならず全線を「確認車《かくにんしゃ》」と呼《よ》ばれる保守車両が走ります。

写真《しゃしん》の確認車の前面《ぜんめん》には強力《きょうりょく》なライトがあり、作業員《さぎょういん》が乗《の》りこんで線路や架線《かせん》に異常《いじょう》はないか、置《お》き忘《わす》れられた工《こう》具《ぐ》や部品《ぶひん》がないか、などを確認します。

# Q92 ★★★

東海道新幹線には、盛土《もりど》のうえにバラストを敷《し》き、レールを載《の》せた区間《くかん》が多《おお》くあります。騒音《そうおん》や振動《しんどう》が少《すく》ないなど利点《りてん》が多い盛土&バラストですが、地震《じしん》のときには、バラストの流出《りゅうしゅつ》や盛土の沈下《ちんか》が心配《しんぱい》です。このような状況《じょうきょう》にならないよう、東海道新幹線ではいくつかの地震対策《たいさく》を実《じっ》施《し》していますが、それはどのような対策でしょうか。次《つぎ》のなかから間《ま》違《ちが》っているものを選《えら》んでください。

❶ 盛土の下の地面《じめん》が崩《くず》れないように、杭《くい》を打《う》ちつなぎとめる

❷ 盛土自体《じたい》に杭を打ち、形《かたち》が崩れないようにする

❸ バラストを袋詰《ふくろづ》めにして、散乱《さんらん》しないようにする

❹ バラストにコンクリートを注入《ちゅうにゅう》して固《かた》める

## こたえ：④

盛土は年月《ねんげつ》がたつほど固《かた》く締《し》まり強《つよ》くなるのですが、地震によりその下の地盤《じばん》が弱《よわ》くなると、上に載っている盛土も崩《くず》れてしまいます。そこでまず①。連結《れんけつ》された杭を地盤に打《う》ちこみ、地盤が流《なが》れ出《で》てしまうのを防《ふせ》ぎます。

ついで②。盛土の法面《のりめん》（側面《そくめん》の斜面《しゃめん》になったところ）に杭を打ちこむ「地山補強土工《じやまほきょうどこう》」と呼《よ》ばれる工法《こうほう》を行《おこな》い、盛土自体が崩れるのを防ぎます。そして③。盛土の上に載っているバラストが流出しないよう、線路のバラスト両側《りょうがわ》を合成繊維製《ごうせいせんいせい》の網目袋《あみめぶくろ》（ジオテキバッグ）に詰《つ》めて積《つ》みあげ、鉄筋《てっきん》を打ちこんで固定《こてい》することでバラストの壁《かべ》を作り、壁の内側《うちがわ》のバラストが散乱するのを防止《ぼうし》しています。

ジオテキバック

A

# Q93 ★★☆

N700系とN700Aは、ある機能《きのう》が大幅《おおはば》に強化《きょうか》されたことにより、車両《しゃりょう》の検査《けんさ》の効率化《こうりつか》や精度《せいど》の向上《こうじょう》を図《はか》ることができ、きわめて故障《こしょう》の少《すく》ない車両になりました。それはどのような機能でしょうか?

❶ 故障する前《まえ》に問題《もんだい》の発生《はっせい》を知《し》らせてくれる「状態監視機能《じょうたいかんしきのう》」

❷ 軽《かる》い不具合《ふぐあい》なら自分《じぶん》で治《なお》してしまう「自己修復《じこしゅうふく》機能」

❸ 運転状況《うんてんじょうきょう》をすべて記録《きろく》して故障の原因《げんいん》を自動的《じどうてき》に探《さぐ》る「自己認識《にんしき》機能」

## こたえ：❶

N700系は、ブレーキのかかり具合《ぐあい》（適切《てきせつ》な力《ちから》か、動作《どうさ》にどれくらいの時間《じかん》がかかったかなど）や、車体傾斜装置《しゃたいけいしゃそうち》が正《ただ》しく動《うご》いているか、ATCが正常《せいじょう》に働《はたら》いているかなどを、状態監視しています。そのデータを見《み》て、問題《もんだい》があればすぐに機器《きき》の整備《せいび》を行うことで、故障を未然《みぜん》に防《ふせ》ぐことができます。

故障の発生を知らせる「事故表示灯《じこひょうじとう》」のような機能《きのう》は、0系からありました。状態監視機能はN700系から搭載《とうさい》されはじめ、N700系で大幅《おおはば》に強化《きょうか》されてよりきめ細《こま》かく、正《せい》確《かく》に診断を行えるようになり、検査の効率《こうりつ》と精度《せいど》の向上《こうじょう》に寄与《きよ》しています。

# Q94 ★★★

これまで東海道新幹線が**1日に走《はし》らせた列車《れっしゃ》の最高本数《さいこうほんすう》**は、どのくらいでしょうか？　ちなみに2016（平成28）年8月期、臨時列車《りんじれっしゃ》をふくむ1日の平均《へいきん》列車本数は約350本です。

❶ 388本

❷ 404本

❸ 432本

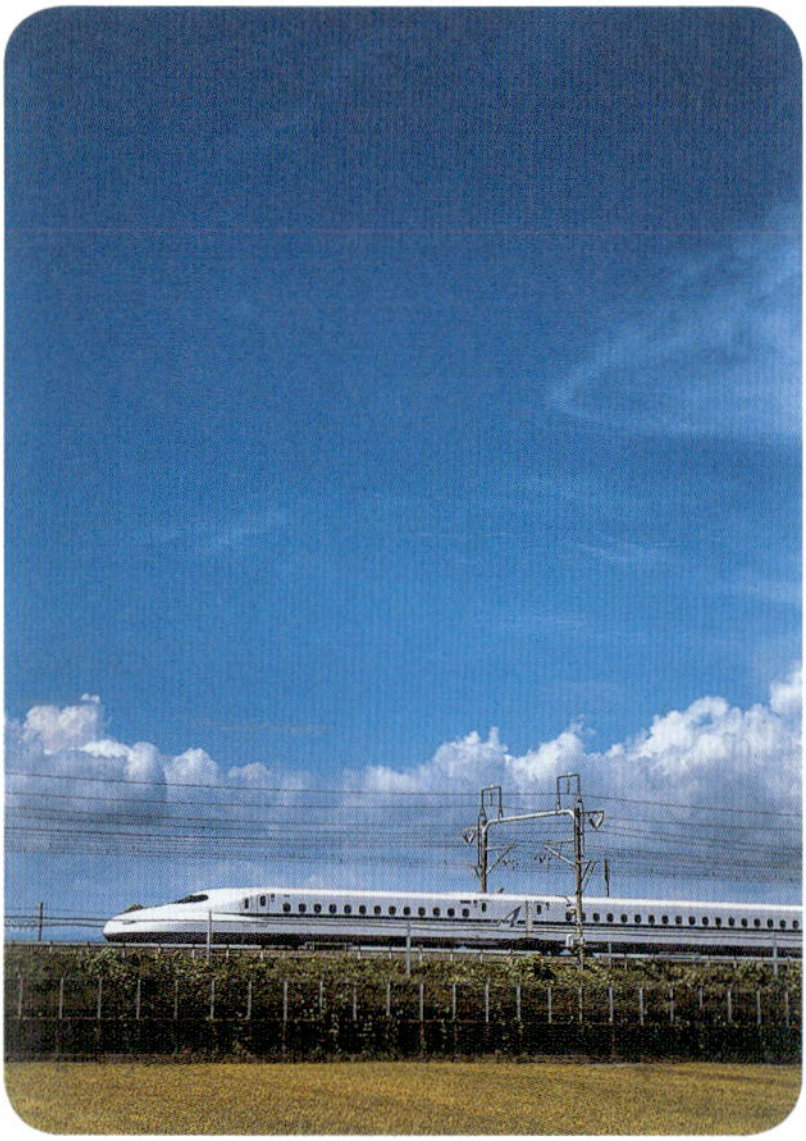

# A

## こたえ：3

2016年8月10日、お盆《ぼん》で移《い》動《どう》するお客《きゃく》さまのために、これまでで最高本数の列車を走らせました。

1編成《へんせい》1323席《せき》で単純《たんじゅん》に計算《けいさん》すると、1日だけで57万《まん》1536席が用意《ようい》されたことになります。朝《あさ》6時から夜《よる》の12時までの18時間で、これまた単純に平均《へいきん》をとると、上り下りともに1時間あたり約《やく》12本、つまり5分間隔《ふんかんかく》で列車を走らせている計算になりました。

# Q95 ★★☆

あたりまえのことですが、自分《じぶん》の乗《の》っている新幹線が走《はし》るところを、外《そと》から見《み》ることはできませんよね。新幹線好《ず》きとしては、ちょっとさびしくありませんか。じつは、**自分の乗っている車両《しゃりょう》が全力《ぜんりょく》で走る姿《すがた》をちらりとではありますが見ることができる場所《ばしょ》**が静岡県《しずおかけん》にあるのです！　さて、それはどのあたりで、どうやって見えるのでしょう？

❶ 浜名湖《はまなこ》をわたるときに、ちらりと見える

❷ 掛川《かけがわ》駅の近《ちか》くの工場《こうじょう》の窓《まど》に反射《はんしゃ》して見える

❸ 三島《みしま》駅近くにある大学《だいがく》の鏡《かがみ》に反射《はんしゃ》して見える

## こたえ：2

東京《とうきょう》や品川《しながわ》、新横浜《しんよこはま》、名古屋《なごや》などの近《ちか》くなら、大きなビルのわきをゆっくり走ることも多《おお》いので、ビルの窓《まど》に映《うつ》る新幹線を見ることができます。しかし、自分が乗っている新幹線が疾走《しっそう》しているところが、窓《まど》に映って見える場所《ばしょ》が東海道新幹線の区間《くかん》で1カ所《しょ》あるんです。

掛川〜浜松間《はままつかん》にある「ポーラ化成工業袋井工場《かせいこうぎょうふくろいこうじょう》」がそこ。工場《こうじょう》の建物《たてもの》の窓ガラスに、新幹線が映《うつ》りこみます。うまくいけば写真《しゃしん》も撮《と》れますのでデッキなどからチャレンジしてみてもいいかも。かなりなスピードで走っているので、写真に自信《じしん》のない人は掛川に停《と》まる「こだま」がねらい目《め》かもしれません。

工場は、下《くだ》り列車《れっしゃ》なら掛川駅を出てすぐの海側《うみがわ》（A席側《せきがわ》）にあります。一瞬《いっしゅん》なので、その瞬間《しゅんかん》をお見逃《みのが》しなく！

# Q96 ★★☆

時刻表《じこくひょう》を見ると、たとえば午前《ごぜん》6時、東京発《はつ》の「のぞみ」は、列車番号《れっしゃばんごう》が「1A」で列車名《めい》が「のぞみ1号《ごう》」になっています。この列車番号と列車名の説明《せつめい》で、正《ただ》しいものを選《えら》んでください。

❶ 列車名と列車番号は、どの列車にもかならずある

❷ 列車名の数字《すうじ》が偶数《ぐうすう》の列車は上《のぼ》り、奇《き》数《すう》は下《くだ》りと決《き》まっている

❸ 新幹線の列車番号にはすべてAが付《つ》く

## こたえ：②

列車番号というのはそもそも、運転《うんてん》などの仕事《しごと》の上でそれぞれの列車を間違《まちが》いなく区別《くべつ》して、管理《かんり》するために付《つ》けられている番号で、すべての列車に付いています。一方、列車名というのは指定席券《していせきけん》などを販売《はんばい》する場合《ばあい》に、売《う》る側《がわ》と買《か》う側が同《おな》じ列車を間違いなく指定するために必要《ひつよう》ですが、在来線《ざいらいせん》では列車名のない列車もたくさんあります。

東海道・山陽《さんよう》新幹線の場合、すべての列車番号の末尾《まつび》に「A」が付きます。東北《とうほく》新幹線はすべて「B」、上越《じょうえつ》新幹線は「C」です。列車番号の数字《すうじ》と列車名の数字は同一《どういつ》の場合が多《おお》いですが、たとえば「のぞみ169号」の列車番号が「6169A」といったように、数字の先頭《せんとう》に6~9がつけ加《くわ》えられる場合があります。

また、「のぞみ」は1号から、「ひかり」は440号から、「こだま」は630号から始《はじ》まる、などさまざまな法則性《ほうそくせい》がみられます。ほかにも規則《きそく》がたくさんあるので、ぜひ探《さが》してみてください！

A

# Q97 ★★☆

新幹線の車両《しゃりょう》は、1日《にち》の仕事《しごと》を終《お》えて車両基地《きち》に戻《もど》るたびに、車内《しゃない》の清掃《せいそう》だけでなく、車両の「顔《かお》」にあたる先頭部分《せんとうぶぶん》を人《ひと》による手作業《てさぎょう》でしっかりと洗《あら》っています。それでは、あの白《しろ》とブルーの塗装《とそう》は、どれくらいの周期《しゅうき》で塗《ぬ》りなおしをしているのでしょうか？

❶ 1年《ねん》に1回《かい》くらい

❷ 3年に1回くらい

❸ 基本的《きほんてき》に塗りなおしはしない

## こたえ：②

新幹線は、車両基地《きち》にある大きな洗車機《せんしゃき》で、先頭部分をふくめた全体《ぜんたい》を定期的《ていきてき》に洗浄《せんじょう》しています。ただし洗車機では側面《そくめん》しか洗えないので、先頭部分は人による作業で洗うのだそうです。

走行距離《そうこうきょり》120万《まん》キロまたは36カ月《げつ》以内《いない》にかならず行《おこな》う「全般検査《ぜんぱんけんさ》」という、大がかりな車両の点検《てんけん》、整備《せいび》のときには、車体《しゃたい》をすべてきれいに塗りなおします。東海道新幹線の全般検査は、浜松《はままつ》工場《こうじょう》だけで行《おこな》っていて、浜松工場と本線《ほんせん》をつなぐ回送線《かいそうせん》ではときどき、検査を終《お》えてぴかぴかに再《さい》塗装《とそう》された車両に出会《であ》うことができます（全般検査については236ページにも説明《せつめい》があります）。

A

# Q98 ★★★

東海道新幹線と東海道本線《ほんせん》は、上に橋《はし》をかけて交差《こうさ》したり、下からくぐったり、離《はな》れたりくっついたりしながらなかよく走《はし》っています。そこで、イメージしてください。まず、東海道新幹線と東海道本線が縄《なわ》だとします。縄の両端《りょうはじ》、東京《とうきょう》駅と新大阪《しんおおさか》駅に立《た》って向《む》かいあう2人が、それぞれの路線《ろせん》を両手《りょうて》で持《も》ちます。そのまま腕《うで》を広《ひろ》げると、2人が手に持っている2つの路線《ろせん》は、からみあうでしょうか、それとも手品《てじな》のようにするりと分かれるでしょうか？

## こたえ：実際《じっさい》にやってみました！

1

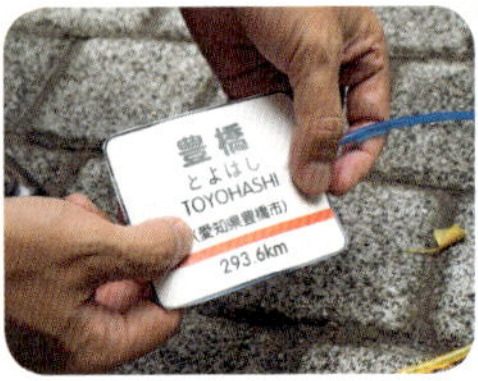


それぞれの縄に、目印として駅を貼りつけます。地図をよく見ながら、2つの路線を実際のとおり並べていきます

2

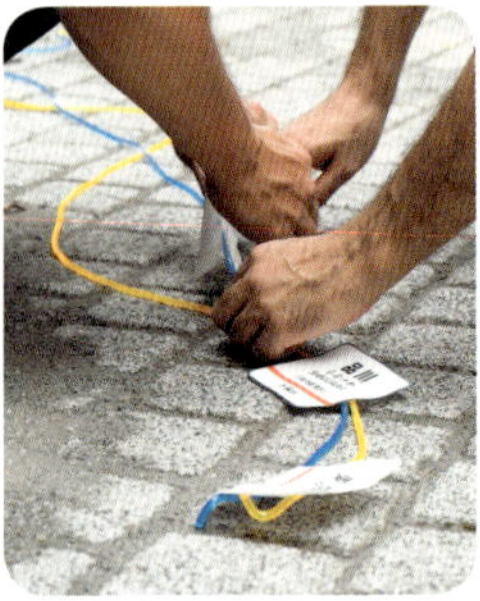

交差しているところは、どちらが上なのかを地図や写真などを見ながら慎重に判断

3

無事並べおわりました。この作業になんの意味があるのか。そんなことを思いながらしばしたたずんだあと

4

やおら両端をつかんでひっぱると、結果はこのとおり。からみあいました。あなたの予想はどうでしたか?

A

# Q99 ★★☆

写真《しゃしん》は、DTSと呼《よ》ばれる保守用車《ほしゅようしゃ》です。このDTSのおかげで、新幹線の徐行運転《じょこううんてん》の回数《かいすう》が大幅《おおはば》に減《へ》りました。さて、DTSはどんな役目《やくめ》をする車両でしょう?

❶ バラストを安定《あんてい》させる

❷ 高熱《こうねつ》でレールのゆがみを修正《しゅうせい》する

❸ 架線《かせん》のたるみを直《なお》す

## こたえ：1

DTSの正式名称《せいしきめいしょう》は、道床振動安定作業車《どうしょうしんどうあんていさぎょうしゃ》。従来《じゅうらい》、東海道新幹線では、道床バラストを更換《こうかん》した翌日《よくじつ》は、営業列車《えいぎょうれっしゃ》を徐行運転させていました。これは、列車通過時《れっしゃつうかじ》の振動《しんどう》により発生《はっせい》する、道床バラストの初期沈下《しょきちんか》による軌道狂《きどうぐる》いの発生《はっせい》を考慮《こうりょ》していたからです。しかし、DTSの導入《どうにゅう》により、道床バラストに振動を与《あた》えて初期沈下を促進《そくしん》させることで、線路の早期安定化《そうきあんていか》が可能《かのう》となり、営業列車の徐行運転が不要《ふよう》となりました。

豆知識

**道床**

枕木に伝わる列車の荷重を路盤に広く均等に分散させることや、クッション性を持たせ乗り心地を向上することなどを目的に、路盤と枕木の間に敷設する砕石

A

## ロングレール輸送車《ゆそうしゃ》

150メートルのレールを最大32本積むことができ、全線にわたって更換用の新レールの運搬・古レールの回収に使用されています。編成の長さは230メートルで、最大積載時は重さが288トンになるそうです。

## 架線延線車《かせんえんせんしゃ》

屋根上に作業台があり、架線のすり減り具合や電車線設備の状態を点検します。交換の必要があるときは、架線延線車と架線作業車などが架線の張替え作業を行い、断線事故を未然に防ぎます。

## ロータリーブラシ車《しゃ》

線路上の雪を回転するブラシで取り除く車両です。以前の車両は、片側方向にしか除雪できなかったのに対し、新型車両では双方向に除雪可能になったため、始発列車に近い時間まで除雪できるようになりました。

## トンネル覆工撮影車《ふっこうさつえいしゃ》

トンネルの表面を覆うコンクリートなどに入ったひび(クラック)や水漏れの状況などを、「エリアセンサカメラ」という特殊なカメラで連続撮影できる車両です。撮影したデータはすぐに目に見える形に解析してくれるので、現地での詳細な検査に活用ができます。

取材協力／
東海旅客鉄道株式会社、株式会社ジェイアール東海パッセンジャーズ、新幹線メンテナンス東海株式会社、東海キヨスク株式会社、JR東海「リニア・鉄道館」

参考文献／

「交通技術」1960年9月号・「国鉄線」1964年1月号（交通協力会）、別冊宝島『祝50年！　栄光の新幹線』（宝島社）、梅原淳『鉄道用語の不思議』（朝日新書）、『東海道新幹線1964』交通新聞社、須田寛『東海道新幹線Ⅱ』（JTBパブリッシング）、須田寛『東海道新幹線50年』（交通新聞社）、『東海旅客鉄道20年史』（東海旅客鉄道株式会社）、磯兼雄一郎・井上孝司『標識と信号で広がる鉄の世界』（秀和システム）、牧 久『不屈の春雷—十河信二とその時代』（ウェッジ）、「JREA」各号（日本鉄道技術協会）、「RRR」各号（鉄道総合技術研究所）

撮影／三原久明

図版制作／株式会社アトリエ・プラン

読んで、乗って、楽しい！

# 東海道新幹線クイズ100

2016年9月20日　第1刷発行

著　者／鉄道クイズ研究会
発行者／山本雅弘
発行所／株式会社ウェッジ
〒101-0052
東京都千代田区神田小川町1-3-1
NBF小川町ビルディング3F
TEL　03-5280-0526（編集）
TEL　03-5280-0528（営業）
http://www.wedge.co.jp
振替／00160-2-410636

装丁／山口信博、宮巻 麗（山口デザイン事務所）
DTP組版／株式会社明昌堂
印刷・製本所／株式会社暁印刷

# Q100 ★★★

さあ、最後《さいご》の問題《もんだい》です。自家用車《じかようしゃ》には車検《しゃけん》がありますが、毎日《まいにち》おおぜいのお客《きゃく》さまを高速《こうそく》で運《はこ》んでいる**新幹線にも「車検」のような定期検査《ていきけんさ》がありま す**。その種類《しゅるい》と内容《ないよう》を、周期《しゅうき》の短《みじか》いものから順《じゅん》に並《なら》べてください。

❶ 交番《こうばん》検査

❷ 仕業《しぎょう》検査

❸ 全般《ぜんぱん》検査

❹ 台車《だいしゃ》検査

**こたえ：②→①→④→③**

それぞれの検査の内容《ないよう》を表《ひょう》にまとめました。ほぼ2日に1度《ど》行《おこな》う「仕業検査」から、各機器《かくきき》を車両から取《と》りはずしてすみずみまで点《てん》検《けん》、徹底的《てっていてき》に調《しら》べる「全般検査」まで、新幹線にはいろいろな検査があります。

また、ATCについても90日間隔《かんかく》で「ATC特性《とくせい》検査」を行い、正常《せいじょう》に働《はたら》いているかどうかを検査します。

| 検査の種類 | どんな検査か | 検査周期 | 検査をする場所 |
|---|---|---|---|
| 仕業検査 | パンタグラフのスリ板などの消耗品のとりかえ、補充パンタグラフ、台車、電気機器、ATCの検査など | おおよそ2日に1回 | 東京仕業検査車両所<br>三島車両所<br>名古屋車両所<br>大阪仕業検査車両所 |
| 交番検査 | パンタグラフ、台車、電気機器、戸閉め装置、ブレーキ装置、ATCなどの状態や機能、電気部品の絶縁抵抗など取り外しをしないで検査を行う | 45日以内または走行6万キロ以内＊ | 東京交番検査車両所<br>大阪交番検査車両所 |
| 台車検査 | 台車は予備の台車と交換したうえで、モーター、ブレーキなど主要な部品を取り外し、解体して細かいところまで検査する | 18カ月以内または走行60万キロ以内 | 大阪台車検査車両所 |
| 全般検査 | 主要部分全般の検査を行うほか、車体の気密試験、外板の再塗装、シートの取り外し洗浄を実施。台車やモーター、ATCなどは専用の試験装置などによる性能確認試験 | 3年以内または走行120万キロ以内 | 浜松工場 |

＊700系を除く

## 東海道新幹線なるほどコラム⑤ 新幹線《しんかんせん》保《ほ》守用車《しゅようしゃ》大《だい》図《ず》鑑《かん》!

これまで新しいバラストと古いバラストの更換(入れ替えのこと)には別々の運搬車が必要でしたが、1台でこの更換作業をできるようにしたのがNBSです。安全性が向上すると同時に、今まで両側の線路を使用していた更換作業が片方の線路でできるようになり、作業の効率が大きく向上しました。

### NBS(新方式道床更換《しんほうしきどうしょうこうかん》保《ほ》守用車《しゅようしゃ》)

### マルチプルタイタンパ

レールと枕木で構成され、道床バラストで支えられている東海道新幹線の線路は、列車の走行によって上下左右にゆがみが生じます。乗り心地に大きな影響を与えるゆがみ(狂《くる》い)を整備するのがこのマルチプルタイタンパ「マルタイ」です。距離にして年間約1000キロのレールを、1ミリ単位で整正してくれる、心強い大型保線用機械です。

## DTS（道床《どうしょう》振動《しんどう》安定《あんてい》作《さ》業車《ぎょうしゃ》）

道床バラスト更換後の軌道状態を安定させる車両。従来、道床バラストを更換した翌日は、営業列車を徐行運転させていました。道床バラストの初期沈下による、軌道狂いの発生を考慮していたからです。しかし、DTSの導入により、道床バラストに振動を与え初期沈下を促進させることで、線路の早期安定化が可能となり、営業列車の徐行運転が不必要となりました。

## レール探傷車《たんしょうしゃ》

時速30～40キロで走行しながら、超音波でレール内部の傷を早期に発見、また表面の磨耗や凹凸状態をチェックしてくれる車両です。東海道新幹線ではだいたい年に2回ほど検査が行われ、この結果をもとにレールの更換や削正が行われます。

## レール削正車《さくせいしゃ》

鉄道のレールは、列車が繰返し走行すると、表面が変化し傷が発生しやすい状態になります。このような状態のレールを削正（レール表面を削り、形状を整える作業）し、列車走行時の騒音低減や、線路のきしみ割れなどの発生を防止する車両です。東海道新幹線では、年1回レールの削正を実施しています。